史官，你告訴我哪件事是真的！

那些皇帝是怎麼死的？皇位是傳來的還是搶來的？
這些謎在你出生之前就沒人知道，很可能到你死了還是解不開！

孟飛──著

兵馬俑真的是為了秦始皇建的嗎？楊貴妃後來的下落呢？
努爾哈赤的死因、玄武門政變之由、宋仁宗的身世之謎……

這些你都在課本上學過，但誰知道歷史上他們最後怎麼了？
史書說的到底是真是假，難道你要穿越回去問史官嗎？
史書未言明的那些「前因」跟「後果」一一揭密，信不信隨你

目錄

目錄

目錄

盤古開天闢地之謎

盤古開天闢地的故事，在華人的社會是家喻戶曉的，也屢見於史冊。盤古故事雖興於漢，盛於三國，而其思想源流卻來自遠古，可以說是遠古的人們對自身的來源、生存、發展，乃至價值的一種索解。《藝文類聚》卷一引《三五歷紀》中有一段話：

天地混沌如雞子，盤古生其中。萬八千歲，天地開闢，陽清為天，陰濁為地。盤古在其中，一日九變，神於天，聖於地。天日高一丈，地日厚一丈，盤古日長一丈，如此萬八千歲。天數極高，地數極深，盤古極長，後乃有三皇。數起於一，立於三，成於五，盛於七，處於九，故天去地九萬里。

著名學者袁珂在《中國神話傳記詞典》中稱上面一段文字「頗具哲理化意味」。不錯的，其中的確含有諸多哲理化的意味。略加分析，至少可以得到三點啟示：其一，這裡講到了天、地、人。作為開天闢地的人（盤古），它的存在是不能離開天與地的。「盤古生其中」、「盤古在其中」，顯然，這裡不只是一個方位的概念，而且還是一個包容的概念，就是說，這裡承認了一個事實，人只能生存和生活於天地之間，離開了天地這一生存環境，人就失去了生存和生活的依據。其二，所謂「神於天，聖於地」，講白了，就是得天之神韻，得地之靈氣。「人」怎麼從混沌走向清明，從根本上說就要從天地（大自然）中吸取養料，這話也是很富於哲理的。其三，與天地俱進的觀念。在這段話中，表現得十分清楚的思想是，天是變的，地也是變的，人是隨天地之變而變的。「一日九變」，這裡說的變，就是發展，就是成長。

「我從哪裡來？」盤古開天闢地的故事是在告訴人們，「人」從天地中來，就是說，人是大地之子，人是上天之子，「經萬八千歲」——實際上是更久長，「人」漸漸地變而為真正的「人」。

比上面這段話更積極更有價值的是民間的傳說。明代周遊著的《開闢衍繹通俗志傳》第一回這樣寫來：

（盤古氏）將身一伸，天即漸高，地便墜下。而天地更有相連者，左手執鑿，右手持斧，或用斧劈，或以鑿開。自是神力，久而天地乃開。二氣升降，清者上為天，濁者下為地，自是而混茫開矣！

這裡真正說到開天闢地了。自然給予盤古的那個天地原先並不是十分完滿的，需要盤古去加以改造。盤古的「將身一伸」、「或用斧劈，或以鑿開」，正是這種改造活動的具體表現。再說，這裡說的改造活動也不是憑一時之勇，它要求盤古堅持不懈，久久為功，即所謂的「久而天地乃開」。正是這種改天換地、戰天鬥地的精神，使盤古在人們的心中的形象高大起來。一些專家指出，從一定意義上講，「盤古代表著上古人群體的形象」，那是一點不錯的，中國人津津樂道於盤古，自以為是盤古氏的後代，道理也正在於此。

更為有趣的是，盤古的形像是天人合一的。盤古生於天地間，一旦死去，又回歸於大自然，化成為大自然中的一部分。《繹史》卷一引《五運歷年紀》：

> 首生盤古，垂死化身，氣成風雲，聲為雷霆，左眼為日，右眼為月，四肢五體，為四極五嶽，血液為江河，筋脈為地理，肌肉為田土，發髭為星辰，皮毛為草木，齒骨為金石，精髓為珠玉，汗流為雨澤，身之諸蟲，因風所感，化為黎。

這段描述應當說也是「頗具哲理化意味」的。盤古之生，乃「神於天，聖於地」，從天地中汲取精華，壯大和發展了自己，而一旦至死，又會全數回歸於天與地，化成大自然間的風雲，雷霆，日月，江河，地理，田土，草木，金石，珠玉，雨澤。這是最完整、最徹底的回報。這可能是遠古人類對人與自然關係的最樸素也最真切的理解了。

這些年來，對盤古形象的研究漸趨旺勢，認識上也各不相同。

歸結起來，一為「外來說」，二為「本土說」。

「外來說」認為，盤古形象來自境外。有些專家認為，印度古經典《黎俱吠陀》載，宇宙間萬物都是「大人」創造，盤古氏實際上是從「印度大人」演變而來。還有專家說，盤古是巴比倫巴克族（Bak）之名的音譯。而大多數專家則認為盤古是中華這塊古土上土生土長的，是民族遠祖的某種形象的活化描摹。

有專家指出，盤古大神從遠古土地神「亳社」轉化而來。「亳社」是山川萬物的造物主，是無所不能的，盤古亦如此。「亳」轉音為薄、蒲、蕃、潘，雙音則為薄姑、蒲姑、蕃吾，又可轉音為盤瓠、盤古。盤古既為土地神，那麼，他能通於天人之間也就沒有什麼奇怪的了。

另有專家指出，盤古即傳說中的盤瓠。《搜神記》卷三：「昔高辛氏時，有房王作亂，憂國危亡，帝乃召募天下有得房氏首者，賜金千斤，分賞美女。群臣見房氏兵強馬壯，難以獲之。辛帝有犬字曰盤瓠，其毛五色，常隨帝出入。其日忽失此犬，經三日以上，不知所在，帝甚怪之。其犬走投房王，房王見之大悅，謂左右曰：辛氏其喪乎！犬猶棄主投吾，吾必興也。房氏乃大張宴會，為犬作樂，其夜房氏飲酒而臥，盤瓠咬王首而還。……帝乃封盤瓠為會稽侯，食會稽郡一千戶，其後子孫昌盛，號為犬戎之國。」

《後漢書．南蠻西南夷列傳》所記也略同。當然，許多專家早已指出，文中所言「犬」並非真是一隻狗，而是以「犬」為圖騰的某一部落或部落聯盟，他帶領自己的部屬，幫助高辛帝（即中原地帶的部落聯盟首領）平定了房王（另一部落聯盟首領）的叛亂，於是受到高辛帝的褒獎，創建了後來的所謂「犬戎之國」。如果那樣，盤古則是「南蠻」的祖先了，這也是合情合理的。

還有些專家以為，盤古實際上是龍文化的象徵，是中遠古文明的象徵。《廣博物誌》卷九引《五運歷年紀》云：「盤古之君，龍首蛇身，噓為風雨，吹為雷電，開目為晝，閉目為夜。死後骨節為山林，體為江海，血為淮瀆，毛髮為草木。」如果這一記述無誤，那麼「龍首蛇身」的盤古無疑是中原遠古祖先的化身了，從其呼風喚雨的本領來看，他是遠古時代一個首領級的人物無疑了。

遠古神話傳說是對混沌時代的一種朦朧的追憶，它雖然有著太多誇大和扭曲的成份，但如果我們能用心吹去覆蓋在遠古史實上的厚厚沙土，那麼，由此而追尋遠古祖先的某些蹤跡還是可能的。從盤古形象中，還是看到了遠古祖先勤奮、勇敢、大度、灑脫的品性嘛，而這些正是盤古的子孫們所應該承繼和發揚的。

巫山人元謀人之謎

巫山，橫亙於四川、湖北兩省的邊境，北與大巴山相連，遠遠望去，活脫脫是一個大寫的「巫」字，於是，人們就自然而然地稱之為巫山了。長江在巫山間穿行，這就形成了舉世聞名的長江三峽。

絢麗的長江三峽，不僅以其迷人的自然風光聞名於世界，而且以蘊藏著極其豐富的古代文化而震撼中外。

世界著名的東非大裂谷，谷底為河湖沉積發育，有著豐富的人類化石、文化遺存和哺乳動物的化石，是科學家們探尋人類起源奧祕的理想處所。無獨有偶，長江三峽與東非大裂谷一樣同屬世界範圍內造山運動活躍時期的產物。兩地雖然地隔萬里，但有著驚人相似的地形、地質、地貌結構。長江三峽地區海拔高度適中，氣候溫和宜人，雨量充沛，森林茂密，溶洞星羅棋布。這裡，應該是古人類繁衍的理想處所。

世界各國的考古學家、人類學家，都先後雲集於三峽，希望在這裡有所發現，發現從猿走向人的蹤跡。其中有英國的歐文，美國的古生物學家格蘭，他們到三峽地區作了考察，並發表了作品，但沒有發現中國最古人類的化石。幸運沒有降臨到這些國外的考古學家的頭上。

幸運終於降臨到了一支年輕的中國考古隊的頭上。經過苦心的開掘，一九八〇年代，考古隊員終於在三峽地區巫山縣廟宇鎮龍骨坡發現了距今兩百零四萬年更新世早期的古人類化石，包括含有兩顆臼齒的下顎骨一塊，新生出的恆門齒一枚。

考古隊員們欣喜異常，將這裡發掘出來的古人類化石命名為巫山人。

現在，幸運的巫山人的後代可以對自己的遠祖「巫山人」展開盡情的、天馬行空式的想像了。

也許是在兩百多萬年前氣候發生突變的緣故吧，茂密的森林變得稀疏了，垂手可得的樹頭的果子不見了。一群原先在樹頭鮮蹦活跳的猴子面臨著從未有過的生存的危機和死亡的恐懼。

怎麼辦？

也許，絕大多數的猴子為了保守「祖宗章法」而堅持在樹頭。結果，等待著它們的只能是一場悲劇。

也許，有少數的猴子試探性地跳下了樹頭，走向了空間更加廣闊的草原。

正是由於這關鍵性的一步的邁出，現在被人們稱為「巫山人」的那一群猴子發生了歷史性的變化——過去在樹頭生活，活動的方式當然是爬行和攀緣，到了草地上，為了觀察和探視，必須直起身子行走；當年在樹頭植物的鮮果垂手可得，而現在必須利用工具去追殺比自己弱小的生靈，或者想方設法去採擷果實；過去常年寄居於樹頭，過著「有窠氏」式的生活，現在必須利用三峽地區星羅棋布的溶洞，過洞天福地的新生活。……事實證明，這一切真的發生了。

在「巫山人」當年居住過的溶洞中，我們發現了他們屍骨的化石，同時，也發現了足以證明他們已經由猿變成人的粗糙的打製石器，發現了他們食用過的、後來基本消亡了的一百一十六種哺乳動物屍骨的化石。

或許是同時，或許是稍後，邁出這樣關鍵一步的還有遠在雲南省北部雲南盆地的「元謀人」。這是滇中高原上一個最低的盆地，海拔在一千一百公尺上下。一九六〇年代，中國地質科學院的幾位地質工作者，在元謀縣城東的上那蚌村附近的一個山麓小丘上發現了兩顆化石積度很深的人的門齒化石。這是同一個成年男性個體的牙齒，一為左上內側門齒，一為右上內側門齒。經鑑定，這是生活在一百七十萬年前的「元謀人」的牙齒。這就告訴我們，一百七十萬年前，這裡的猿群中的一部分也發生了歷史性的變化，走上了「人化」之路。

科學證明，「元謀人」是從纖細型的南方古猿演變而來的。由於自然界的劇烈的變故，他們艱難地從樹居生活轉向了地面生活。他們既要順應自然，還得利用自然界的物體，如樹枝或石塊作「工具」，以獲取必要的生活資料。工具漸漸成了他們不可缺少的生存手段。在出土元謀人牙齒的同一地層中，考古工作者找到了打製的粗糙而簡單的石器工具。《中國百年考古大發現》一書的編者胡爾克說得巫山猿人化石發現地點元謀猿人化石地點發掘現場好：「認識了某些工具的性能，進而有意識地選擇有利於達到自己目的的自然工具，這就已由猿的範疇進入了人的時代了。製造工具是區別人和猿的根本標誌。只要能利用一塊石頭把另一塊石頭打製成工具，不管這工具多麼原始、簡單，它就代表著由猿進入了人類的時代。」

同樣的進程在其他一些地方也在進行著。西元二〇〇二年五月，在南京召開的有中外百位著名人類學家參加的雙溝國際科學考察年會上，中科院向新聞界通報說，李傳夔教授在雙溝松林村村東南處化石地點發現一件至今在亞洲時代最早的長臂猿化石，上面僅保留三顆臼齒，其性狀完全不同於非洲、歐洲和亞洲其他地區發現的長臂猿。這種長臂猿是後來的「雙溝人」的遠古祖先，生活在距今一百多萬年前。在雙溝，後來又發現了江蘇境內最早的雙溝下草灣古人類化石，與北京周口店山頂洞人十分相近。專家們結合最近在雙溝發現的古動物群化石作出驚人的新推測：雙溝發現的長臂猿與北京猿人之間有著某種親緣關係，而雙溝下草灣人又是北京猿人的後裔。也許是歷史的某種機緣，雙溝長臂猿的後代子孫到北方兜了一圈以後，重又回到了地處江蘇雙溝的老家來了。考古證明，雙溝地區在歷史上也發生了從森林環境向草原環境的轉化，雙溝人順應了這種轉化。由此，我們完全可以得出這樣的結論：江蘇雙溝是人類起源中心之一，一部分猿類（可能是雙溝醉猿、江淮寬齒猿和人猿超科未定種中的一種）在這裡完成了「從猿到人」的偉大轉化。

一切的一切都在證明著，人類起源的中心是多元的，中華古土本身就是人類的發祥地之一。

「北京人」用火之謎

「北京人」的發現，真正可以稱得上是世紀大發現。

西元一九二九年，時年二十五歲的中國古人類學家裴文中主持起了北京房山縣周口店的考古發掘工作。在發掘中，他驚喜地得到了一個完整的北京猿人頭蓋骨化石，一下震驚了全世界。要知道，在當時，全世界所有舊石器時代的人類遺骨，只有「爪哇人」、「尼安德塔人」和「海德堡人」。

西元一九三六年，北京周口店地區的發掘達到了高潮。中國另一位著名古人類學家賈蘭坡主持的發掘活動，接連發現三個較完整的人類頭蓋骨化石，又一次使世界為之震驚和激動。

從地下發掘出的石器及動物化石可以推知，「北京人」生活在這樣一個環境中：當時的周口店一帶草木繁盛，有著大量的湖泊和沼澤。在湖泊和草原上，生活著種類繁多的動物和植物。我們的「北京人」經常靠捕獵水牛、羚羊等動物為生，偶爾也能捕獵到劍齒虎和其他大型動物。除此之外，許多植物的根莖及果子也是他們的食物來源。

如果將「北京人」的遺骨加以復原，他們的相貌大致是這樣的：前額平低，眼眶上緣有兩個互相連接的粗大眉骨，像屋簷一樣遮蓋著眼睛。腦殼很厚，大約比現代人厚一倍。腦容量平均為一千多毫升。他們的肢骨已具有現代人的形狀了，在使用上臂時幾乎和現代人一樣運用自如。他們的下肢雖然還有些屈膝，但已經能直立行走了，甚至可以快速地奔跑。

那麼，「北京人」是怎樣生活的呢？尤其要緊的是，他們能不能使用火呢？原始人捕獵為了解開這個謎，科學家們做了大量的工作。在採集「北京人」用火遺蹟過程中，人們原始人用火看到了厚達幾十釐米到幾米的灰燼層，看到了燒過的樸樹子、木炭、燒石、被烤的石器，看到了燒過的鹿角及其他各種動物骨骼。樸樹子被燒後呈灰白色；燒石和被烤的石器上布滿龜裂紋和斑駁的痕跡；燒過的鹿角有裂紋；燒骨數量最多，除與燒過的鹿角一樣有多種色澤外，還有發出藍色和藍綠色的。透過這些，大致得出這樣的結論：

◆ 第一，「北京人」估計還沒有能力摩擦生火，但他們懂得引進自然火種。引進自然火種所用的燃料有：大量的草本植物，此外還使用樹枝作柴，帶有油脂的獸骨也常用來作為燃料。

◆ 第二，「北京人」不僅懂得引進自然火，還懂得控制火、保存火。「北京人」居處的灰燼不斷增加，在第四層灰燼厚度達到四公尺，這已經足以說明他們能夠控制和保存火了。

◆ 第三，「北京人」使用火的一大成果是熟食。大量樸樹子的發現，本身就證明他們在烤食植物種子。被烤黑了的各種動物骨骼更是證明他們將肉食品也烤熟了才吃的。當然，火除用以熟食外，還可用以禦寒、照明，洞口點上火，還可用以防禦野獸侵襲。

「北京人」用火的被證實，一下把人類用火的歷史提前了幾十萬年。

可是，在種種證據前，還是有人提出異議。有人從洞穴的一個角落裡採集到少量樣品，說明這僅僅是自然火，不是保管和使用的火。

為了證實北京猿人的確會使用火，從西元二〇〇一年十月開始，中國科學院廣州地球化學研究所沈承德等人另闢蹊徑，利用地球化學方法——元素碳進行使用火的研究。火燃燒後都會留下某些「蛛絲馬跡」，除了常見的碳屑外，還有碳絲、微晶石墨和炭黑等，這些都屬於游離碳，肉眼通常看不見，通常被人統稱為「元素碳」，元素碳極易和其他顆粒物相互吸附在一起。沈承德認為，「元素碳可以作為一種示蹤劑，來顯示北京猿人究竟是否用過火」。

研究的結果顯示：所鑑定的大部分土樣和動物骨頭的碳含量都比較高，比天然火燃燒要高出一到數個數量級。沈承德長期在瑞士進行古人類學術研究，看到實驗顯示後說：「這麼高的濃度，只可能是就地產生，很可能就是『北京人』用火後留下的。」

中國科學院院士劉東生對這一研究方法給予了高度的評價，他指出：「對於周口店猿人地點用火遺蹟的研究，元素碳可能是一種最為有效的方法。」

恩格斯認為，人類學會使用火，是比蒸汽機的發明更偉大的事件。這樣看來，「北京人」僅此一項，其對人類的貢獻就非同一般了。

「北京人」神祕失蹤之謎

從西元一九一八年三月瑞典著名地質學家、考古學家安特生騎著毛驢第一次到周口店進行考古，到西元一九三七年七月因日本發動侵華戰爭而周口店被迫停止考古發掘，其間經歷了二十個年頭。在這二十個年頭中，周口店向世界提供了最為豐富且有一定系列的實物資料，其中包括具有極大價值的「北京人」頭骨化石。

停止發掘以後，考古學家們集中精力著手對文物進行修理和研究。當時，大宗的重要資料都存放在美國人主持的協和醫院內，暫時沒有受到日本人的滋擾。

到了西元一九四一年，中國的抗日戰爭進入了關鍵的階段，由於北京人頭蓋骨，西元一九四六年周口店出土於利益上的衝突，日美關係也緊張了起來。協和醫院對中國考古研究者們提供的保護到底能維持多久，也成了問題。而一旦日美發生衝突，勢必會殃及周口店考古二十年來所獲的寶貴資料。

中國的考古學家賈蘭坡在日益緊張起來的氣氛中想到了自己應該為保護這些科學財富盡些義務。他首先考慮到的是如何不使周口店「北京人」遺址的平面圖和剖面圖失落。他完全清楚，這些圖如果失落，過去所有發掘出來的標本將會失去層位依據而造成混亂，後果不堪設想。賈蘭坡使用細軟的薄紙，將原圖縮小複製，當作「手紙」攜帶回家。做了兩個多月，終於在日本人的眼皮底下「盜」完了這些珍貴的圖紙。

形勢還在惡化。

為了保證這些珍貴文物不受損壞，中國地質調查所所長翁文灝同北京協和醫院行政委員會負責人開始商談妥善處理辦法。最後決定由中國新生代研究室主任裴文中負責對文物進行裝箱，然後移交北京協和醫院總務長博文，由他送往美國駐華使館，然後啟程運往美國。

裝箱很仔細，化石均經多層包裹，以防顛簸損壞。在化石盛裝盒外面註明了化石名稱及所屬部位。所有化石（包括極為珍貴的五個「北京人」頭骨）共裝了一大一小兩個木箱，裝好封閉後，被送往博文的辦公室。裝箱時還開列了詳細的清單，賈蘭坡手上留有一份副本。

清單上的化石幾乎包括周口店發掘的全部精華，其中包括五個北京猿人頭骨化石和「山頂洞人」的全部資料，還有北京猿人下顎骨十三件。

可是，這一切都在日本軍國主義者的暗暗監控之下。一九四一年十二月五日，裝有

「北京人」化石的專用列車啟程，駛往秦皇島，打算在那裡送上一艘美國定期航輪——哈里遜號。

第三天，日本艦隊偷襲了美國軍港珍珠港，太平洋戰爭爆發，美國對日宣戰。日本迅速占領了美國在華設立的各種機構，協和醫院也未能倖免，連那列載有「北京人」的化石列車，也在秦皇島被日軍截獲。「北京人」化石在戰亂中悄然出世不久，竟又在硝煙瀰漫的年代裡神祕失蹤了。

「北京人」化石失蹤的消息傳出後，不僅中國學界和民眾為之震驚，世人也為之矚目。許多國家的人士競相搜尋有關「北京人」化石的消息和傳言也時時見諸報端，但大多荒誕不經。在進行搜尋的國家中，日本顯得特別的起勁，日本軍人、學者、特務都參與其間。

此後，對「北京人」化石的尋找工作始終沒有停止過，世界各國報刊時有報導，也時有傳言蜂起，過後又一一被否定。直到一九八〇年代以後，尋找「北京人」化石的熱潮才漸漸平息下去。但有關種種猜測和傳聞，仍久盛不衰，至今引起人們濃厚的興趣。

遠古人類食人之謎

西元一九三二年，北京周口店的發掘熱火朝天，令人鼓舞。在不太長的時間裡，接連發現了三個較為完整的頭蓋骨化石。親自參與其事的美國人類學家魏敦瑞在經過初步研究後，寫下了這樣的報告：

此三頭骨，均為成年的，保存都很完好，前兩個，一個較大，一個略小，大的屬於男性，小的屬於女性。頭蓋部分，雖然完整，但顱底部不齊全。

看來猶如閒筆，將頭骨的「顱底部不齊全」一語輕輕帶出。此時，恐怕魏敦瑞對此種現象還未形成概念。

西元一九三三年，周口店山頂洞的發掘取得極大成功，獲取了三個保存完整的頭骨和一個頭蓋骨。美國人類學家魏敦瑞同樣參與其事。他詳細端詳著這些頭骨和頭蓋骨，目光集中在頭骨上的凹坑、破裂或穿孔的痕跡上。他當時雖然沒說什麼，但看得出他在認真思考。

不少專家都注意到了這一點，但結論顯得有點輕描淡寫：中國猿人居住的洞穴是十分簡陋的，時時有石塊從頂部落下，擊在北京人和山頂洞人的頭骨上就必然會形成碎裂現象。

但是，這種說法不能回答這樣一個問題：為什麼中國猿人頭骨上的裂痕都是呈圓尖狀的呢？難道塌落下來的石塊都是磨尖過的？

直到一九四〇年代，魏敦瑞才對此發出了自己的聲音。他發表了《中國猿人是否同類殘食》一文，後又出版了《中國猿人頭骨》一書。在這些論著中，他提出了自己的觀點：在中國猿人階段，存在著食人之風。他把「人吃人」這種在現代人看來極為殘忍、野蠻的現象，無情而歷史地推到了人們的面前。

魏敦瑞的理由是：第一，按正常情況，猿人的肢骨、軀幹骨的數量都要比頭骨多，可北京猿人卻相反，代表四十多個個體的北京猿人的肢骨只有上臂骨三件、鎖骨一件、大腿骨七件、小腿骨一件，而頭蓋骨有十四件，面部骨有六件，下顎骨有十五件，牙齒有一百六十六枚。第二，兩萬多平方公尺的遺址中，許多地點不見人的化石，而只有古脊椎動物的化石與石器，它們很少共存。那裡的人哪裡去了？除了被同類食掉很難作其他解釋。第三，北京猿人和山頂洞人頭蓋骨上有人為地被器物敲打過的痕跡，有凹陷和壓碎現象。

中國的考古學家、人類學家和歷史學家，在以後的研究中證實了魏敦瑞的論斷，證明了同類相食的現象不只是存在的，在當時條件下甚至是合理的和必然的。當時生產力水準極為低下，為了求得「種」的生存，猿人不可避免地要食掉同種中的一部分（主要指老者、「山頂洞人」頭骨，最左邊的頭骨有明顯被鈍器擊傷的痕跡弱者、病者、異部族者）。似乎古猿人已經意識到後腦勺較身體的其他部位更脆弱，也更易置人於死地，於是，他們就用打磨過的鋒利的石器作為武器，先將對方擊倒、擊暈以致擊死，然後先吸乾腦漿，再慢慢地割下其他部位的肉吃，一些脆而軟的骨片也被食者吞噬了。

這就是原始人的「人吃人」現象。

在遼寧西沙鍋屯洞穴遺址中，發現有四十多個個體的頭骨、軀幹骨，其骨頭零散，腳骨且有裂痕。很顯然，也可作「人吃人」的一種例證。

在廣西桂林甑皮岩古人類居住的洞穴中，曾出土了人類頭骨化石十四個，其中至少有四個頭骨化石有人為打擊的痕跡。專家考證後一致認為，這種頭骨化石裂痕系用某種尖狀器具猛力打擊而成，這也是早期人類食人風俗的一個鐵證。

就世界民族志資料來看，食人是一種歷史上人類進化發展過程中普遍存在的現象，它曾廣泛地存在於亞洲、非洲和歐洲廣大地區。作為一種歷史的慣性，它至少延伸了幾十萬年。直到人類已經有了比較多的肉食和素食食品的新石器時代，這種風氣還存在著。著名的英國生物學家赫胥黎在《人類在自然界中的地位》這部著名作品中寫道：「在非洲剛果的北部，過去住著一個安濟奎的民族，這個民族非常殘酷，不論朋友、親屬，都要吃的。……他們的肉店裡充滿著人肉，以代替牛肉和羊肉，他們把在戰爭中捉到的敵人拿來充饑，又把賣不出價錢的奴隸養肥了，宰殺後果腹。」赫胥黎講的「過去」如果是原始社會時期，那講他們「殘酷」是不妥的，因為在原始社會，食物短缺，為了群體的生存，將敵人殺掉吃了，甚至將自己氏族中的老者、弱者、病者殺了吃掉，也算不了什麼殘酷的。道德具有一定的歷史性，在那個時代，「人吃人」不屬於不道德的範疇。

中華文明源流之謎

的確，所謂自古以來的「大一統」，只是我們民族的一個美麗的夢，而編織這一夢境的始作俑者則是被尊為中華史學之父的司馬遷。

子承父志，司馬遷要編一部中華民族的進化史，可是，首先使他苦惱的是「太古」時代史料的缺乏、紊亂。楊朱認為：「太古之事滅矣，三皇之事若存若亡，五帝之事若覺若夢，三五之爭或隱或顯，億不識一。」他一連用了「若存若亡」、「若覺若夢」、「或隱或顯」三個不肯定形容詞，目的無非是要把「太古」歷史時期從歷史序列中抹去。這是一種對民族的始祖抱虛無、迷惘、玩忽的消極態度。這時，司馬遷站出來了，他是有責任心的，他要從無頭緒中理出頭緒來。

司馬遷跑了許多地方，「西至空峒，北過涿鹿，東漸於江，南浮江淮」，但還是不行。三皇五帝的傳說紛紜得很，也講不清。經過幾度反覆，他決定一筆把「三皇」抹掉，獨獨突出「五帝」，而「五帝」中的第一帝就是黃帝。黃帝打敗了炎帝，擒殺了蚩尤，「諸侯咸尊軒轅為天子，代神農氏，是為黃帝。天下有不順者，黃帝從而征之，平者去之，披山通道，未嘗寧居」。黃帝為五帝中第一帝，後四帝是「黃帝二十五子」中的某子某孫某玄孫。五帝之後的虞、夏、商、周，也都是黃帝子孫，這樣一來，大一統不就順理成章了嗎？

人們一直相信司馬遷為當時人和世代子孫編織的這樣一個美麗的夢。可是，這樣一個美麗的夢，在二十世紀以來的百年考古面前顯得不怎麼站得住腳了。

就拿舊石器時代的文化來說，它像滿天星斗，撒落在中國的大地上。元謀猿人、藍田人、北京人、和縣人、鄖縣人、鄖西人，這些直立人分別在不同的方位、不同的地域、按照不同的軌跡發展著，說是某種文化之源，可能他們本身就是一種文化源。西侯度人生活在山西省南部芮城縣西北隅的中條山陽坡，他們生活在距今一百八十萬年前。他們來自何處？可能就來自當地的一種類人猿。元謀人生活在雲南北部元謀盆地東緣，生存年代距今約為一百七十萬年。他們的生命之源何在？可能就是當地一種纖細型南方古猿演變而來的。山西的西侯度人，與雲南的元謀人相差約十萬年，他們之間很難說有什麼傳承關係。還有更古一點的巫山人，也不見得與元謀人、西侯度人有什麼源流上的糾葛。這樣看來，在幾百萬年前，中華古土上的人就表現出多源態勢。

後來進入智人階段，有馬坦人、大荔人、長陽人、許家窯人、丁村人，有柳江人、資陽人、山頂洞人、河套人。他們之間有的有些許的傳承關係，但更多的是各為源頭，獨立發展的。

大約在公元前一萬年，人類進入了地質上的全新世時期，地球上的最後一次冰期結束了。人類拿起了新石器，過起了定居生活，向社會更高的文明度迅進。

從河南許昌的靈井文化遺址，到陝西大荔的沙苑遺址，到山西北部懷仁縣的鵝毛口文化遺址，到山東滕縣的北辛文化遺址，到河北武安縣的磁山文化遺址，到黃河南岸的裴李崗文化遺址，到渭河流域的老官台文化遺址，到浙江餘姚的河姆渡文化遺址，到位於杭嘉湖平原的桐鄉羅家角文化遺址，到西安半坡文化遺址，到東北興隆窪文化遺址，到甘肅臨洮的馬家窯遺址文化，到廣東曲江縣石峽文化遺址，到福建閩侯縣曇石山文化遺址，到西藏東部昌都縣的卡若文化遺址，它們之間有的有著某種文化傳承關係，有的則自有源頭。自古並非大一統這一事實，現在已經是昭然若揭了。

遼西的紅山文化是令人震驚的。在遼寧喀左縣東嘴紅山文化遺址連續發現的距今五六千年的祭壇遺址，牛河梁女神廟和積石塚的發現，「金字塔」式大型文化建築遺址的發現，都令人不得不承認它是中國文明的一個重要起源地。另外，良渚文化的發現，尤其是瑤山良渚文化祭壇、反山大墓、匯觀山大墓的面世，徹底打破了文明起源認識上的傳統格局。三星堆古遺址的發掘更令世人震驚，其中有著無數的國寶。其中有被稱為世界銅像之王的青銅大立人像。青銅大立人像通高二點六二公尺，頭戴迴紋筒冠，身著右衽龍袍，兩手虛握，誇張為環狀，站立於神壇之上，歷數千年而栩栩如生。讓世人除對當時青銅鑄造工藝水準驚訝萬分外，還對其獨特的美學表達能力嘆為觀止。其他如青銅神樹、鈍金權杖、玉邊璋、玉牙璋等，都堪稱世界一絕。環視中華大地，東、南、西、北的文化，在跨入文明門檻之時，就絲毫不遜色於中原文化。中華文明的多源，可以說是已經成為定論。

當然也有專家認為，「多源」與「一元」是不矛盾的。在西元前三千年到西元初這段時間，黃河流域擁有了比其他地區更優越的自然環境。氣候溫和，降水量相當於現今的長江流域，黃土高原土壤疏鬆，水土無流失，這樣，生產力就跑到了其他地區前面，文明程度也高些。其他地區的文化為華夏地區的文化所影響、改鑄、吸納，漸漸地形成了起於多源而以華夏文化為中心的「一元」文化。

中國農業起源之謎

關於農業的發明權問題，是古來人們最感興趣的。中國古代典籍中，有許多關於農業起源的傳說。有的說是神農氏發明了農業，有的說是烈山氏（亦稱厲山氏）發明了農業，還有人說是炎帝之子名「柱」的那個人發明了農業，周人則相信是他們的祖先棄發明了農業，《史記．五帝本紀》則說黃帝「時播百穀草木，淳化鳥獸蟲蛾」，從而發明了農業。講法雖然很不相同，但都承認中國的祖先發明了農業。

在諸多神話傳說中，神農氏發明農業的傳說故事最有意思，也最能讓人信服。關於神農氏的傳說故事很多。清馬馬驌《繹史》卷四引《周書》云：「神農之時，天雨粟。神農遂耕而種之，作陶冶斧斤，為耒耜鋤耨，以墾草莽。然後五穀興助，百果藏實。」晉王嘉《拾遺記》卷一云：「炎帝（神農）時有丹雀銜九穗禾，其墜地者，帝乃拾之，以植於田，食者老而不死。」《漢唐地理書鈔》輯《盛弘之荊州記》：「神農生於隨縣北界厲鄉村，內周圍一頃二十畝，地中有九井。相傳神農既育，九井自穿，汲一井則眾井皆動。」

神農為了發明農業，吃盡了千辛萬苦。《淮南子．修務訓》云：「神農嚐百草之滋味，一日而遇七十毒。」晉干寶《搜神記》卷一云：「神農以赭鞭鞭百草，盡知其平毒寒溫之性，臭味所主，以播百谷。」《述異記》卷下謂：「太原神釜岡中，有神農嘗藥之鼎存焉。成陽山中，有神農鞭藥處。」《世本》云：「神農人身牛首。」

應該說，史籍提供的關於神農氏發明農業的種種資料是十分珍貴的，神話故事中的一些說法和一些情節，又剛好與考古發掘相契合。

第一，尋找種植植物的種子。

神話故事提供了三種可能性。一是「天雨粟」說，上帝從天下起粟雨來，神農「遂耕而種之」，於是以粟為種植的主糧。二是「丹雀銜九穗禾」說，此丹雀看來是一隻神雀，它銜來了良種「九穗禾」，於是，「帝乃拾之，以植於地」。三是「嚐百草」說，在神農發明種植前，所有植物都屬於「百草」之範疇，神農透過「嚐百草」，選出了良種，「耕而種之」。

三種說法中，以前兩種為虛妄，多神話色彩，與實際難符，而第三種說法是實事求是，也是與歷史事實相符的。在沒有發明農業之前，什麼可食，什麼不可食，什麼可種，什麼不可種，不太清楚，要研究，要嘗味，要選擇，看來，人類最後選定的一些農作物，是長期實驗的結果。

黃土地區土壤持水和保肥能力都比較低，但有較好的毛細作用。這兩個條件制約了農業起源過程中選擇馴化作物品種的方向。中原地區的原始人看到大量野生狗尾草的祖本，將其採集、選擇，一步步培育成自己的主糧粟子。這一點已被考古發掘所證明，半坡的出土物中就有大量的粟子，顯然是剛從野生狗尾草馴化過來的。

南方地區土地肥沃，雨水充沛。南部的神農氏們就採集當時也許遍野都是的野生水稻祖本，進行馴化培植，使之成為南方人的主食。湖南澧縣夢溪鄉八十當遠古文化遺址發現的兩粒半古稻，屬於一點四萬年前的物品，這正是處於野生水稻祖本和現代水稻之間的正在馴化的水稻。事實證明，這種選擇是明智而有生命力的。

第二，「耕而種之」。

種植植物意味著對植物進行管理、看護、培育。關於神農氏的傳說中，說神農有田一頃二十畝，內穿鑿井九口，用以灌溉和護理。當然還會有其他的一些看護和管理手段，只是沒有寫出來罷了。

原始人對馴化中的植物的看護，可以參照一些少數民族的方法。鳥獸的侵害是原始農業的大敵。有些少數民族地區用籬笆把植物區圍起來，或派人看守。廣西十萬大山地區的瑤族農民在地上插一根竹竿，上頭掛有穿孔的竹筒，微風吹來，呱呱作響，禽獸聽而生畏，就不敢前來吃莊稼了。這些方法原始人應該都用過。至於鑿井灌田，更是重要的植物馴化護理的方法。

第三，**農業工具的發明和改進**。

神農「作陶冶斧斤」。陶冶，指陶器，製陶技術，它是與農業、定居同步的。黏在陶片上的稻殼可以說製陶技術的發明，是人類進入文明時期彭頭山遺址灶坑的一個重要標誌。凡新石器文化遺址中，都有製器工場和陶器。

至於「斧斤」，那應該是最原始也是最重要的一種農業工具。《詩．齊風．南山》：「析薪如之何？匪斧不克。」析薪，可以指把荒野中的樹木砍伐掉，也可以指把樹木分解開來作柴使用，都離不開斧。而這斧，正是神農氏發明的。

這一點已在原始人居住的遺址中得到了證明。在當時條件下，離開了斧要砍伐樹木簡直是不可能的。在裴李崗和仰韶文化遺址中，都發現了許多的石斧，一般都取材於礫石，比較厚重，呈梯形和長方形，兩面磨刃。除少數直接操作外，多數裝有木柄。普列漢諾夫認為：「石斧最初是沒有斧柄的。史前考古學得確鑿地證明，斧柄對原始人來說是一個相當複雜而又困難的發明。」中國的先民到仰韶文化期已經攻克了這一「相當複雜而又困難的發明」，這在世界上無疑是先進的。

神農「為耒耜鋤耨」。除對馴化植物進行護理外，土地的耕作是最為重要的，於是神農氏在實踐中發明了「耒耜鋤耨」，使土地能為植物提供更多的養料和生長條件。

河南新鄭裴李崗遺址、密縣峨溝北崗遺址、河北武安磁山遺址都距今八九千年，當時耜耕技術已經有了一定的發展。在火耕時期，盛行用一種尖棒播種，在此基礎上，經過不斷改進，發明了耒耜。耒有單齒和雙齒之分，耜與耒相似，只是耜冠是板狀的。在浙江餘姚河姆波還發現過木鏟，發現了大量骨耜，石耜就更多了。耒耜的發明和改進，大大提高了農業水準。

值得注意的是，在裴李崗和磁山等遺址已經出土了精緻的石鐮，呈拱背長條狀，通體都磨光，刀刃部有細小的鋸齒，柄部較寬，且往上翹，下部有供拴繩用的缺口，說明石鐮安有木柄。這一發現說明鐮刀使用的歷史十分古老。還有一些地方發現有蚌刀作隨葬品的，可見鐮刀不只有石製的，還有蚌制的。

中國是古老的農業大國。無論是神話傳說，文字典章，還是地下發掘，都證明中國早在八九千年前就進入了農業社會，至於作為農業發明者的神農氏，恐怕不會是一個人，而是一個龐大的社會群體。

骨器時代之謎

「河姆渡遺址」的發掘給人帶來太多的驚異，驚異之一就是在遺址中發掘出了達萬件動物遺骸，如此豐富的骨料為河姆渡人製作骨器提供了很好的條件。

河姆渡人是聰明和智慧的，他們把動物骨骼中的骨、角、齒及其他部位，加以簡單的銼磨加工，製成種種骨器。大型動物的肩胛骨本身就像一把鏟子，只需在骨臼部位略作加工，便成為一把十分合用的骨耜。鹿類是河姆渡人主要的捕獲動物，質地堅硬的鹿角可成為加工成骨器的最好材料。截取粗大結實的分叉部位，略作加工，即使一把上佳的器柄。截取鹿角之尖端，只要稍加銼磨便是一件很好的角錐和角鑿。若再把中部磨出倒鉤，後端鑽上一孔，則成一把極好的梭形器了。河姆渡人把鹿角的每一個部位都利用起來。

王因遺址出土的動物骨骼遺存數量極其驚人，在文化層與灰坑中出土的動物骨骼、蚌殼達到萬餘件，用動物的骨、角、蚌做成的工具和裝飾品達到千件以上。可見，當時的先民們對骨器是如此的重視。

問題在於，為什麼先民們對骨器表現出了比石器更大的興趣呢？

首先，不少動物的骨骼的硬度比石頭的硬度大。新石器時代的骨箭鏃如硬度極高的圓錐形鹿角不只可以作為一般的工具使用，甚至還可以用它來開鑿石料，製作石器。

其次，動物骨骼的品種多，不像石料那樣的單一。從王因遺址的發掘看，被這裡的原始人用來製作骨器的動物骨骼分屬於哺乳類、鳥類、爬行類、魚類、貝類，具體的品種多達四十二種。從河姆渡遺址的發掘看，小到青魚的肋骨，大到象牙、鯨魚骨，都被充分地利用起來了。總之，天上飛的、地上爬的、水中游的各類動物的骨骼，都可利用起來製成用途各殊的骨器。

再次，自然造型好，加工方便簡單。每一種動物的支架由幾十種甚至幾百種骨片組成。這些骨片的形態是各異的，正好可為人類利用來製作各種工具和生活器具。比如，哺乳動物的牙齒，是其骨骼體系中最堅硬的一部分，外部包裹的那一層牙釉質硬度比鋼鐵還大，僅次於金剛石。哺乳動物的門齒，如一把鏟子，兩旁的犬齒，像尖刀一樣，後面的臼齒，像副磨盤。先民可以利用動物牙齒製成各種鑿、挖工具。有些動物骨骼的形狀，裝配上木質的柄，便可使用了。

人類生產力發展到一定程度，捕獲動物品類和數量達到一定程度，就會自然而然地把興趣轉向骨器。

一些專家認為，骨器用之於生產，這是骨器時代到來的根本標誌。在河姆渡遺址的發掘中，原始先民把大、中型動物的前肢的尺骨，做成有巨大沖力的骨鑿，這在生產中，尤其在原始農業生產中作用是很大的。大型動物長而且寬扁的肋骨，表面光滑平整，可做成骨刀和骨鋸，在生產中可作砍伐樹木用。更為重要的是，骨器直接使用於農業。在我們稱之為江南文明祖地的「跨湖橋文化遺址」，發現了不少作為挖土工具的骨耜，其挖土之深，效率之高，都遠在石耜之上，在河姆渡大量的骨器中，以骨耜為最多。特別引起人們注目的是，在河姆渡還發現了骨梭，可見骨器還用之於紡紗織布呢！

先民還將骨料做成種種生活用品。從河姆渡，從大汶口，從跨湖橋，還有其他一些遺址發現的精巧的骨針，是任何石料磨製不出來的。河南賈湖遺址出土距今七千年前的「骨笛」河姆渡的骨針選用長條骨料製成，先在兩面琢刻，鑽出針眼，然後再磨出細長的針身，花的氣力是很大的，但十分精巧，跨湖橋人用的一枚骨針，最大直徑為二毫米，針孔直徑小於一毫米。也是採用雙面鑽孔技術，但在技巧上比河姆渡更上了一層樓。發現的骨笄，可用於束髮，比起石製品來自是另一番風景。骨匙，骨匕，都可用於餐中，尤其是骨匕對肉類食品的切割，作用是不可小覷的。

先民們還將骨精製成藝術品。河姆渡人對象牙堅硬細膩的質地有了相當的認識，他們細心地把象牙剖成片狀加工，製成蝶形器、鳥型牙匕或小盅，並在器物上雕刻「雙鳥朝陽」、「蠶紋」等精美圖案。在河姆渡，還發現了三孔或單孔的骨哨，說明悠揚的樂聲早在七八千年前就在這裡的上空迴蕩。

上面這些，都在證明中國歷史上曾經存在過一個骨器時代。但是，也有一些專家不這樣認為。他們說，骨器在歷史發展中曾經發揮過不小作用，但與石器比，作用顯然還要小得多，因此還稱不上是一個時代。再說，在先民遺址發掘中，像河姆渡、王因這樣骨器集中的地方有，但不太多，大部分遺址仍然是以石器為主，因此還是統稱為石器時代好。這當然還是個未解開的謎，有待於科學家們進一步研究，然後才能得出大家都能認同的結論。

盤庚遷殷之謎

商朝從建國到滅亡，長達五百多年。最後的二百七十多年定都於殷（今河南安陽），所以商朝又叫殷朝，有時候也稱為殷商或者商殷。商朝定都於殷是從盤庚開始，盤庚是商湯的第九代孫子，商朝的第十九個王。商朝曾經屢次遷都，盤庚定都於殷，不再遷徙，反映了這時候農業的重要性已經超過了畜牧業，人們要求定居下來。

商湯滅夏之前，把統治中心遷到了亳（今河南濮陽縣）。亳位於商族活動區的南部邊界地帶，再向南，就是夏人的勢力範圍了。湯滅夏之後，為了便於統治夏國的遺民，又在位於夏的中心地區的今河南省偃師縣修築都城，定都於此。這是商王朝建立後修築的第一座城池，它仍以「亳」命名，史稱「西亳」，以與原來的亳城相區別。從湯到大戊九位商王都以此為都。從仲丁繼位為王開始，商朝的都城頻繁遷徙，仲丁時遷都於囂（今河南荥陽縣），河甲時遷都於相（今河南內黃縣），祖乙繼位後遷到庇（今山東魚台縣），南庚又遷都於奄（今山東曲阜）。從仲丁到盤庚只有十王，卻遷了五次都，平均兩王一遷，頻率是很高的。

盤庚決定遷殷，是經歷了一番抗爭的。

盤庚即位前，商王朝已處於內外交困之中。在商王太甲以後，商朝歷代的君主和奴隸主貴族們，生活都很腐化。他們迷信鬼神，又特別喜歡喝酒。他們是十足的寄生蟲，自己不勞動，一切事情都驅使奴隸去做。在奴隸和奴隸主之間，階級矛盾十分尖銳，奴隸們大批逃亡。在王室貴族當中，爭奪王位越演越劇烈，有的人說應當兄終弟及，有的人說應當父死子繼。叔侄之間，兄弟之間，常常展開你死我活的鬥爭，把國家搞得亂七八糟。

各種內部矛盾削弱了商朝，生產荒廢了，一些小國和少數民族不再受商朝的節制，加上水澇、乾旱等等自然災害，使得商朝這個奴隸制國家簡直維持不下去了。

正在這個時候，商朝的第十八個王陽甲死了，陽甲的弟弟盤庚做了王。盤庚是個有心計的人，他善於觀察形勢，覺得國家不能再照老樣子維持下去了，應當想出一個行之有效的辦法來緩和這些矛盾，挽救商朝的衰亡。他想出來的辦法就是都城遷到殷，開墾荒地，長期定居下來。

盤庚考慮遷都的原因主要是殷地的土地比較肥沃，自然災害比較少一些也輕些，在這裡建設都城有利於發展農業生產。其次盤庚認為遷都以後，一切都得從頭做起，奴隸主貴族不能過分享受，這樣社會矛盾就可以緩和。而且遷都可以避開危險的反叛勢力，都城一旦安全，統治就可以穩定。

可是遷都的決定招致了許多人的反對，反對的人主要是奴隸主貴族，他們害怕到了新的地方不能照舊享樂。盤庚是個辦事十分堅決的人，他絕不因為有人反對就改變主意。他把奴隸主貴族召集起來，對他們發表了兩篇訓誥。第一篇訓誥是勸說，告訴大家搬家到殷的好處。他說：「以前上天降下大災難時，先王們都為了臣民的利益而遷徙。現在我也和先王一樣，希望你們都能得到安樂的生活，並不是因為你們有罪而懲罰你們。我要遵照先王關心臣民的樣子，關心你們，保佑你們，帶著你們去尋求安樂的地方。你們如果不與我同心，先王的在天之靈便要責罰你們，降下不祥來了。」第二篇訓誥是威脅，用強硬的口氣，警告大家一定要老老實實地服從遷都命令，否則就要進行嚴厲的制裁。

盤庚用了軟硬兼施的手段，終於把首都遷到了殷。可是抗爭並沒有結束。老百姓到了一個新地方，生活不習慣，吵嚷著要回老家。奴隸主貴族就乘機起鬨，煽動大家要求搬回老家去。盤庚又發表了一篇訓誥，用強硬的語氣制止住了奴隸主貴族的反對。他說：「先王謹遵上天之命，開國以來已經遷都五次了。現在如果不聽從上天之命遷都的話，談什麼繼承先王的事業呢？」他知道臣民口出怨言是由於當權的大臣在煽動，他嚴厲警告說：「我看得很清楚，你們在浮言煽動，只是我沒有表示出來罷了，你們就放肆起來。你們在自己禍害自己。我不論關係親疏，誰做好事就受賞賜，誰犯罪就要受懲罰。國家能治理好，是你們大家的功勞；國家治理不好，由我一人承擔責任。今後你們別亂講話，否則到懲罰時，後悔就來不及了。」

過了幾年，局面才安定下來。奴隸們在這裡被迫沒日沒夜地勞動，把殷建設成了一個十分繁榮的都市。從此，商朝的都城就固定在殷城，政治上比較穩定，社會經濟和文化也有更大的發展。那時候，銅的冶煉技術大大提高，青銅器的製作範圍更加擴大。殷城附近就有一個很大的青銅器作坊，有上千個奴隸在作坊裡勞動。奴隸們用銅、錫、鉛三種金屬做原料，冶煉鑄造了成千上萬件斧、鉞、戈、矛、刀、鏃等武器，鼎、爵、觚、壺、盤、盂等飲食器皿以及斧、錛、鑿、鑽、鏟等生產工具。許多青銅器造型優美，花紋圖案十分精巧，達到了高超的藝術水準，形成了後來著稱於世的青銅器文化。有一個很著名的司母戊大方鼎，高一百三十三公分，長一百一十公分，寬七十八公分，重八百七十五公斤，被考古學家從殷墟遺址中發掘出來，完整地保存在中國歷史博物館裡。這是世界上到現在為止發掘到的最大青銅器。從商代的青銅器也可以看出，中國燦爛的古代文化，是以奴隸為主體的勞動群眾創造出來的。

在殷墟遺址中，還發掘到大批烏龜的腹甲和牛的肩胛骨，上面刻著許多文字。這種文字和現在的不同，是中國已經發現的最古的文字，叫做甲骨文，一共有四千多個單字，大多已經被考古學家辨認出來。當時殷朝的王室貴族很迷信，做什麼事情都要先採用龜甲和牛骨進行占卜。刻在龜甲和牛骨上的，大都是占卜的原因和結果，以及後來是否應驗等等的話，這些卜辭記載著殷朝的許多大事，為研究殷商的歷史提供了可靠的資料。

盤庚遷都，又一度復興了商朝，使得殷商這個奴隸制國家，在中國文化發展史上放出了燦爛奪目的光彩，成了當時世界上的文明大國。

史學家通常以盤庚遷殷為界，把商代歷史分為前後兩期。盤庚遷殷後，發揚商湯的政治傳統，使商王朝再度興盛，出現了百姓安寧、諸侯歸依的局面，長期以來威脅著商北部、西部邊界的那些部族，也在商王朝的打擊下退縮、收斂，有的重向商朝表示臣服。

盤庚開創的中興局面，到了武丁時得到進一步發展。武丁對西方、北方的少數部族發動了一系列的征伐戰爭，消除了北方、西方的威脅，商的勢力範圍大大擴展。武丁以後，革除了易於引起內亂的兄終弟及制，實行單一的父死子繼的王位繼承制，避免了兄弟鬩於牆的變亂，遂使商王朝進入了一個持續發展的時期。盤庚以後的二百多年間，不僅未再有遷都之舉，而且創造了光輝燦爛的殷墟文明。

秦始皇坑儒之謎

秦始皇統一六國之後，採取一系列的措施，加強中央集權。當政治上加強控制的舉措完成之後，秦始皇便開始了對人們思想上的箝制。因受戰國時期百家爭鳴學術空氣的影響，秦初的儒生們尚保留著勇於直言、相互爭鳴的學術傳統。秦始皇統一中原以後的第九年，也就是西元前二一三年，有一天，秦始皇在咸陽宮置酒，文武官員全都出席了，有七十個在學術思想上有名望有地位的博士也參加了這次宴會。秦代陶馬宴會進行當中，圍繞著是否實行分封制，眾儒生之間發生了激烈的爭執。丞相王綰、博士淳于越等人主張實行分封，博士周青臣舉酒頌揚秦始皇的功德：「陛下神靈明聖，平定海內，放逐蠻夷」，「以諸侯為郡縣，人人自安樂，無戰爭之患，傳之萬世。」秦始皇聽後喜形於色。淳于越聽周青臣說分封制不好，郡縣制好，心裡十分不舒服。他趕快往前走幾步，急急忙忙地對秦始皇說：「陛下！我聽別人說，殷周兩代的國王傳了一千多年，他們分封子弟功臣做諸侯，像眾星拱月那樣護衛著中央，那個制度本來就好得很。如今陛下統一了中原，子弟卻毫無地位和實權，將來萬一出個像當年齊國田常那樣謀篡王位的亂臣賊子，又有誰能挽救得了那種局面呢？我聽老一輩人說過：事情不照老規矩辦而想要長久，根本就不可能。現在周青臣又當面奉承陛下，加重陛下的過錯，我看他不是忠臣。陛下還是應當重新謀慮關於分封子弟的事情才好！」

淳于越重提分封的事情，秦始皇聽了心裡有些厭煩。而丞相李斯等認為「三代之事，何足法也」，主張實行郡縣制，並指責淳于越等人「不師今而學古」，「道古以害今」，這一點對秦始皇觸動很大。最後，秦始皇贊同李斯的觀點，並採納了李斯「焚書」的建議，下令：除秦紀（秦國史書）、醫藥、卜筮、農書外，凡列國史籍、私人所藏的儒家經典、諸子著作和其他典籍，一律限期交官銷毀。同時，禁止談論《詩》、《書》和「以古非今」，違者處以黥刑乃至死罪。焚書之後，百姓如想學法令，可拜官吏為師。

當時焚書的具體辦法是：除了那些講醫藥、占卜、種樹一類的書以外，凡不是秦國史官所記的歷史書，不是官家收藏而是民間所藏的《詩經》、《尚書》和諸子百家的書籍，在命令下達的三十天之內，都要繳到地方官那裡去焚燬；以後還有偷偷談論古書內容的，處死刑；借古時候的道理攻擊當前政治的，全家都要處死；官吏知情不告發的，判處同樣的罪。命令到達後三十天不燒燬書籍的，在臉上刺字後罰去做四年長城的苦工。凡有願意學習法令的人，只許跟官吏去學，不許偷偷地照著以前的古書去學。

這樣，從都城咸陽到邊遠的鄉村，四處是焚書的烈焰，大批文化古籍在無情的烈火中化為灰燼，中國文化史上第一次滅絕性的大浩劫從天而降。焚書的惡果不僅使許多先秦重要典籍遭到破壞，同時也給春秋戰國以來活躍的思想領域及理論探索者們以致命的打擊，堵塞了秦代學術自由探討之路，阻礙了先秦諸子百家思想文化融合的進程。

焚書的餘煙尚未消散，「坑儒」的風波又平地而起。「坑儒」的直接起因是方士侯生、盧生等諷議始皇，繼而逃走。

戰國以來，陰陽五行之說盛行，一切方術都用陰陽五行來推演。燕、齊沿海地區，出現了一批講神仙方術的方士。他們宣稱，渤海中有蓬萊、方丈、瀛洲三座神山，山上的宮闕用金銀築成，住著很多長壽的神仙，山上生長著長生不老的妙藥。秦始皇稱帝后，為求長生不老，迷戀仙道，不惜重金，先後派徐福、韓終、侯公、石生等人前去尋求仙藥。由於多方未果，引起秦始皇的不滿，他的脾氣也變得越來越乖戾、暴躁，喜怒無常。

侯生與盧生當時都是秦始皇身邊的方士，由於長期求仙人和仙藥終不可得，他們內心也惴惴不安。按照秦國的法律，求藥不應驗就會被處死。他們從博士們的前車之鑑，感受到自身命運亦將不濟；從秦始皇的暴戾無常，感受到自己的末日亦將來臨。他們譏議秦始皇「天性剛戾自用」，「專任獄吏，獄吏得親幸」。他們互相商量：像這樣以靠刑罰和殺戮而建立威勢並且貪婪權勢的人，不能為他求仙藥。於是，侯生、盧生悄悄地帶著從秦始皇那裡領來的錢財，相約逃走了。秦始皇大為震怒，他認為自己對盧生等賞賜豐厚，待遇尊隆，而侯生、盧生竟然用這樣惡毒的話來誹謗自己，還居然逃走了，決定要狠狠地懲治他們。於是秦始皇下了一道命令，叫御史大夫去查辦那些在背後誹謗他的讀書人。被抓去審問的人，受不了殘酷的刑罰，為了給自己開脫，就一個一個的牽出其他人，攀來攀去，一下子查出來有四百六十多個方士和儒生犯有嫌疑。秦始皇一怒之下，也不詳細審問核實，就叫人在咸陽城外挖個大坑，把他們全都給活埋了。其實四百六十多人當中，真正反對秦始皇的只有少數人，大多數人都是含冤死去的。始皇的長子扶蘇覺得這樣做太殘暴了，他對秦始皇說，天下初定，遠方黔首尚未安定，「諸生皆誦法孔子，今上皆重法繩之，臣恐天下不安」。秦始皇對自己的殘暴不僅沒有一點點醒悟，相反還將扶蘇貶到上郡。

秦始皇的焚書坑儒，從史書的記載上看，事實比較清晰。但有人認為這件事情的經過還存在著一些問題，如秦始皇究竟坑的是誰？

章太炎、顧頡剛等大師指出，焚書確是事實，但坑儒是沒有發生過。秦始皇發怒是衝著方士的，按情理來說當時坑的四百六十個是方術之士而非「誦法孔子」的儒生，至少可以說四百多人中儒生很少。《鹽鐵論》說：「燕齊之士釋鋤耒，爭言神仙方術，於是趣咸陽者以千數。」坑殺者中沒有方士，坑方士後，無論如何是說不過去的。秦始皇時期，儒士在社會上的地位比戰國更有所提高，坑方士後，對儒生的社會政治地位並未造成什麼影響。之後始皇東巡，齊魯地區的七十位儒生被任命為博士，跟著他到泰山舉行封禪。到了漢代，儒家對這件事也不十分介意，很少有人談起。西漢中期時，人們談到這件事，也僅是說「坑殺術士」，沒有人說是坑殺了儒士。

首次將這件事說成「坑儒」的是西漢始元六年的桑弘羊，然這時離事件的發生遠達一百多年，說法的準確性是令人懷疑的。但這種講法卻為後代許多人繼承，而且越傳越烈。儘管如此，一些儒學大家對此還是比較謹慎，如韓愈、蘇軾等人仍然稱其為「坑殺學士」、「屠術士」。

大多數人認為坑儒是存在的，這四百多人中儒士占了大多數。而且從一些史料的記載來看，秦始皇的坑儒好像還不止一次。唐朝顏師古注《漢書．儒林傳》和孔穎達《尚書正義》中引錄東漢衛宏《詔定古文尚書序》說：「秦始皇焚書以後，擔心天下人不按照他頒布的法令去做，遂召諸生，凡是到咸陽的一律拜為郎，前後有七百人。不久密令冬天在驪山坑谷比較溫暖處種瓜。等到瓜結果成熟，他詔博士、諸生談論這件事。冬天種瓜，儒生們實在搞不清楚，各人談各人的觀點，亂哄哄的。於是始皇讓大家前去察看，預先派人在這個地方設置了一個機關。諸生賢儒來到後，大家仍是互相論難不止，始皇命人觸發機關，從上面將土往下填，不一會兒眾儒生全部被壓在下面，沒多少時間就沒有聲息了。」衛宏的記錄，當然是得之於傳聞，而且這件事情《史記》沒有記載。與前面的「坑儒」不知是否為一件事，今天因沒有佐證而無法知道。

驪山溫谷從此又叫坑儒谷，漢代又把這裡叫愍儒鄉。有學者考證，該谷在今臨潼縣西十公里的洪慶堡，洪慶堡過去又叫滅文堡。又據劉修明先生實地考察認為，坑儒谷當在今臨潼西南五里處的一個狹長幽深的山谷裡，其地「溫泉水脈縱橫，瓜果能不按季節而生」。山谷兩邊都是高坡峻嶺，只要投下黃土石塊，守住谷口，進的人，別說是數百人，即便是數千人也同樣逃不出來。

也有人認為秦漢時期的儒生兼事方術，方士也可能兼事儒術。侯生、盧生為秦始皇尋仙藥，顯然他們是術士，但他攻擊秦始皇的那段話，口氣與儒生一模一樣。從當時的實際情況來說，始皇迷信方術，單純的儒術明擺著吃不開，所以儒生兼習方術或棄儒事方術應是很有可能的。

「焚書坑儒」對社會發展是否有利，也是一個歷史之謎。有許多人認為焚書坑儒沒有什麼好的作用。郭沫若認為：「書籍被燒殘，其實還在其次，春秋末葉以來，蓬蓬勃勃的自由思索的那種精神，事實上因此而遭受了一次致命的打擊。」林劍鳴等秦漢史專家指出秦始皇下令焚書，使中國文化遭到巨大損失，先秦許多重要文獻古籍，從而被付之一炬。秦始皇為追求長生，大施淫威，肆意殺人，充分表現了他的愚蠢和殘暴。有人進一步認為：焚書坑儒乃是秦王朝由盛及衰並迅速滑向滅亡的轉折點。焚書坑儒的出發點是錯誤的，方法、手段既殘暴又愚蠢，效果是加速秦王朝的滅亡，所以應該徹底否定焚書坑儒。

有人認為對焚書坑儒要進行具體分析，不能走向評價的極端。著名史學家翦伯贊指出，焚書坑儒對於古文獻的保存和學術的傳授，造成了較大的損失。但是在當時統一與分裂激烈鬥爭的年代裡，秦始皇用這種手段打擊復活封建貴族政治的反動思想，又是具有積極意義的事。有學者認為，秦始皇實行焚書坑儒，在當時的歷史條件下是有其進步作用的，但我們並不應該毫無批判地謳歌秦始皇的這種措施。採取把書燒掉這種簡單粗暴的作法，畢竟對文化的發展十分不利。

也有部分人對焚書坑儒是抱著肯定的觀點。著名學者何茲全就認為秦始皇的焚書，不能單純地從焚的觀點上來看。秦始皇焚書，是兩種思想抗爭的結果，是當時進步思想和反動思想抗爭的結果，是進步派和反動派政治抗爭的結果。焚書是禁止「是古非今」反動思想的手段，為了禁止反動思想而焚掉古代文獻，手段是粗暴了些，但它卻是有進步意義的。坑儒是焚書事件的延續，它的意義和焚書是一樣的」。還有學者指出：秦始皇的政治方向在那一歷史階段是對頭的，只是在施行的方法上不夠技巧。李斯的「焚書」建議並未完全化為始皇的制書，更未完全付諸實行。「焚書坑儒」之後，有秦一代包括儒術在內的文化學術的師授並未中斷，《史記》的真實可信被逐步證實，也就從正面否定了「焚書坑儒」對於古文獻的保存和文化學術的傳授造成了極大損失的說法。至於「坑儒」事件，那是秦統治集團內部政治抗爭的一個典型表現。

今天看來，秦始皇焚書坑儒，目的是想統一思想，壓制那些反對中央集權制的思想和言論，但是他的做法太過分了，太殘暴了。焚書毀滅了秦以前長期積累起來的文化財富，而坑儒殺害了許多精神財富的創造者。從此以後，秦朝宮廷裡真正有學問的人大大減少，而那些專會阿諛奉承、欺上瞞下的奸賊如趙高之流，逐漸成了秦始皇身邊的重要人物，秦朝確是從此開始走下坡路。秦始皇是一個完成偉大統一事業的了不起的皇帝，同時也是一個對人民實行殘暴統治的皇帝。

秦始皇陵之謎

中國人歷來有希望長壽的心態，古代的帝王尤其如此。傳說秦始皇曾派人去尋長生不老之藥，遺憾的是並沒有人能夠找到。在尋找長生不老藥的同時，秦始皇還動用全國的財力物力，徵發民工七十萬，修建自己死後的陵墓。從西元前二四七年，秦始皇即位後就開始修建，直至西元前二一〇年秦始皇死時為止，長達三十六年之久。

始皇陵規模宏大，背靠驪山，面臨渭水，形勢異常雄偉。陵墓地面原有內外兩城，內外城之間有角樓、寢殿、便殿。封土堆現有高度七十六公尺，底部南北長三百五十公尺，東西三百四十五公尺，是一個夯土陵丘。今日的秦嶺上栽滿了石榴樹和柿樹，四周環繞著兩重白楊林帶，景色優美。

《史記．秦始皇本紀》記載：「九月，葬始皇驪山。始皇初即位，穿治驪山，及並天下，天下徒送詣七十餘萬人，穿三泉，下銅而致槨，宮觀百官奇器珍怪，徙臧滿之。令匠作機弩矢，有所穿近者輒射之。以水銀為百川江河大海，機相灌輸，上具天文，下具地理。以人魚膏為燭，度不滅者久之。二世曰：『先帝後宮非有子者，出焉不宜。』

皆令從死，死者甚眾。葬既已下，或言工匠為機，臧皆知之，臧重即泄。大事畢，已臧，閉中羨，下外羨門，盡閉工匠臧者，無復出者，樹草木以象山。」修築這樣一個大型的工程，所需役力人數是巨大的，有人說他們全是秦國的刑徒，顯然人數是不夠的，除此之外，還應有農民、少量的軍功地主、以勞役抵債的奴婢及其他不明身分的人。這是十分奢華的陵墓，在中國歷史上是絕無僅有的。

修築秦始皇陵，在當時是一個非常大的工程，材料要由四川、湖北等地運輸。驪山的河渠本由南向北，為防止河水沖積，保障陵墓安全，需大量的勞役改變河流，使其向東西流。同時驪山上石料缺乏，大量石料需由渭北諸山採運。當時有歌謠：「運石甘泉口，渭水不敢流，千人一唱，萬人相鉤。」其工程之大可以想像。

根據目前考古調查發掘，秦始皇陵園的布局結構有下列七個特點：其一、陵墓有內外兩重城垣，呈南北狹長的「回」字形；陵墓近於方形覆斗式，座落在內城的南半部。其二、在陵墓西邊墓道的一個配房中，埋有成組的車馬，既有髹漆的木車，又有彩繪的銅御手和銅車馬。其三、在陵墓西北角的內外城之間，發現有左右飼官的建築遺址，飼官是陵寢中供給飲食的官。其四、內城中心有宏偉壯觀的寢殿建築。其五、內城的東北部有一長方形的區域，向北有門可以通向外城，向南有門可以通向陵寢，可能是用來居住管理陵園的官吏和供奉陵寢的宮女。其六、在陵墓內外城的南部以東，有一長條南北向的陪葬墓地區，當是一些親屬和大臣的葬地。其七、在陵墓東邊外城以東一公里處，正當東門大道的北側，有三個放置兵馬俑的從葬坑，組成了面向東方的龐大軍陣。

關於秦始皇陵，尚有許多問題我們至今仍不能明白，如秦始皇陵的朝向為什麼是正東方？秦始皇陵是否被盜？秦始皇陵的兵馬俑到底是什麼性質等等。

後代的帝王大都是以面南為尊，而秦始皇陵卻是坐西向東，為什麼會這樣呢？

有學者認為：「陵園整個朝向東方，在東方正中設有大道和東門闕，因為按照禮制是以東向為尊的。陵園的東門大道，相當於後世陵園的『神道』，是整個陵園的主要通道」，「秦始皇創設第一個皇帝的陵園，並不是憑空設計的。他有戰國時代各國君王的陵寢作為藍圖」，也是「按時國都咸陽設計的」。始皇陵的布局「對西漢諸帝陵園產生了直接的影響。西漢陵園的布局有許多方面是沿襲秦的禮制的」。贊同這種說法者都認為秦漢之際的禮俗決定了陵墓的朝向。《禮儀．士冠禮》云「主人東面答拜，乃宿賓」。《史記．項羽本紀》記載鴻門宴時，「項王、項伯東向坐，亞父南向坐，沛公北向坐，張良西向侍」。這都說明，戰國到秦漢時期，主人是朝東坐的。秦始皇生前是天下共主，死後的陵墓便理所當然是要坐西向東的。

有人認為秦國本偏西隅，建陵向東的目的是為了表示自己征服東方六國的決心。全國統一後，陵還在繼續修，但布局朝向沒有改變，這主要是為了使自己死後仍能注視著原來的東方六國之地，以防有人東山再起。這種說法多少有點牽強。

另有一種說法認為秦始皇除了要顯示雄踞天下的威風之外，也可能因為他仍然在祈求生死輪迴，尋求神仙境界。生前無法覓到不死的祕方，死後也要閉著雙目瞻矚東溟，以求神仙引渡天國。秦始皇為求長生不老，出巡到琅琊，命方士求仙取藥，派徐福帶童男童女數千人入海求仙，並多次親自出巡，東臨碣石，南達會稽，在琅琊、芝罘一帶連流忘返。他自己多次東巡，仍無法到達日夜思念的仙境，萬歲的天子不長壽，結果照樣不能違背生老病死的規律，還是得病而死。徐福沒有回來，仙藥也沒有求到，秦始皇心裡感到十分遺憾，死後他也要面朝東方，求神仙把他引導進天國。

有人發現不僅僅是秦始皇陵，秦國其他的墓葬大多是坐西向東的。考古發掘證實越是秦國早期的墓葬，幾乎全是朝著這種方向。有學者認為秦人的祖先來自東方，他們對自己曾經勞動和生活過的地方懷有特殊的感情。然而路途遙遠，中間相隔了許多敵對的國家，他們很難回到自己原來的家園。死後，他們只能以這種方式來表達自己葉落歸根的感情。部分專家對秦人的祖先來自東方不以為然，認為秦人的祖先來自西方，之所以他們要採用頭朝西方的葬俗，主要是寓意他們的祖先是從那裡過來的。

秦始皇陵平面圖

也有人認為甘肅地區曾流行過屈肢葬，這與當地的古文化和某種原始宗教信仰有關。秦人的西首向東的葬法，應該與他們的民族特性相關。

秦始皇陵是否被盜，將直接決定保存至今的這座陵墓的價值。

一些人認為這座精心建造的帝陵並不能使秦始皇在死後仍與生前一樣過上帝王生活，反使帝陵成為貪婪者的目標，歷史上曾遭受過多次的破壞。其中較大規模的破壞有兩次：一次是西元前二〇六年，項羽入關中後，曾以三十萬人，火燒阿房宮，盜竊者掘其陵墓，燔燒其宮觀，三十日運物不絕，這是最大的一次破壞。到唐朝末年的黃巢起義時，又經過一次大規模的破壞，所以清代文學家袁枚曾說：「生則張良之錐荊軻刀，死則黃巢掘之項羽燒，居然一坯尚在臨潼郊，隆然黃土浮而高……」在國民黨統治時期，從陵底到陵頂，修遍了戰溝，有幾處挖得特別深，陵頂上還挖了一個很大的坑。

另有一些人認為秦始皇陵並未被毀，被毀的只是陵園的附屬建築，而秦始皇陵地宮並未被盜，它仍在現存的秦始皇陵封土下、兵馬俑坑身後一千多公尺處。這種說法的主要的依據是：根據陵區周圍的含汞量分析，發現地宮中心有大量集中汞的成分，而且分布具有一定規則，這從化學成分分析上印證了《史記》中關於墓內以水銀為「江河大海」的描述。再透過對秦始皇陵封土堆的全面探測，只發現有個盜洞，而且深不到九公尺，未能接近地宮，整個封土的土層為秦時的原狀。總之地宮的宮牆沒有破壞痕跡，地宮中水銀分布有規律，可見秦始皇陵未被盜毀。

一九七四年，在外城以東一千兩百二十五公尺處，發現了三個兵馬俑坑，這個重大的考古發現，轟動了當今世界。三個兵馬俑坑都坐西向東，呈「品」字形分布。其中一號坑平面呈長方形，面積一萬四千多平方公尺，內有戰車、步兵組成的大型方陣，有陶人陶馬六千餘件。二號坑在一號坑的東北邊，平面呈曲尺陣。三號坑在一號坑的西北邊，平面呈凹字形，面積五百多平方米。另外在二號坑和三號坑之間，還有一個平面呈長方形面積為四千多平方米的廢棄坑。按照考古工作者的探測，全部兵馬俑加起來有七千多個，駟馬戰車一百多輛，戰馬一百多匹。坑內兵馬俑全部面向東方，與陵園的方向保持一致。

秦始皇陵旁大量兵馬俑的存在，令世界驚嘆。然驚嘆之餘，人們要問，這些兵馬俑的存在到底是什麼意思？與秦始皇有關嗎？

主持對秦始皇陵考古的袁仲一先生認為大型兵馬俑的存在，象徵著駐在京城外的軍隊，就如皇宮中的宿衛軍。以戰車、步兵相間排列的一號坑兵馬俑軍陣是右軍，以戰車和騎兵為主的二號坑兵馬俑軍陣是左軍，未建成的廢棄坑，當為擬議中的中軍，第三號兵馬俑坑是統帥三軍的幕府。俑坑本身象徵著屯軍的壁壘。有人觀點稍有不同，認為這些兵馬俑象徵著秦始皇東巡的衛隊。

也有人認為兵馬俑僅是體現秦皇軍陣布局。兵馬俑坑是一項未完成的工程，全部建成要有五個坑。從設計者角度來說，兵馬俑是按當時的方陣來設計的。方陣是一種進攻型的軍陣，按前後左右中五個方位配置兵力。主將所在的叫中軍，與敵戰鬥的是外圍四軍。作戰時，戰陣可隨時變換，互相保護。兵馬俑一、二、三號坑修建後，爆發了秦末農民起義，陵墓的修建工程被迫停了下來，被廢棄的坑僅挖了個土塘，還未來得及放置陶器具。而第五個坑尚未動工挖掘，所以現在見不到任何痕跡。

學者認為兵馬俑排列成面向東方的龐大軍陣，是有其用意的：一方面是用來表現秦朝威鎮東方的形勢，另一方面又是用來表現東向為尊的禮制。

還有的說法認為兵馬俑不是秦始皇陵的一部分，而是屬於具有紀念碑性質的建築物，可能稱為「封」，用以表彰統一全國的軍功。他認為兵馬俑是秦始皇時代建造的，但其性質不是陪葬坑。因為秦國仍有活人殉葬的舊習，根本無需建大型俑坑陪葬。從出土的兵器來看，很少見到鐵兵器，與當時十分發達的冶煉水準不符合，因而這支部隊根本不是一支戰鬥部隊。

更有人在對獬冠、銘文的細緻分析後，認為兵馬俑的主人根本不是秦始皇，而是秦宣太后。西元前三〇六年，昭王年少即位，太后攝掌政事。太后臨終之際下令近臣為她殉葬。秦昭王為人仁厚寬容，在人殉的要求未予滿足的條件下，對於自己的出身之母，塑造真人大小的殉葬，布置一個輜重車隊，象徵性地讓太后回歸自己的楚國故地，這在當時也是符合各國習俗風尚的。

對於這座顯赫的秦始皇陵，至今仍有許多問題沒有解釋清楚，我們期待著研究者們新成果的出現。

西楚霸王項羽失敗之謎

項羽是秦末農民戰爭中的傑出人物。

早在秦始皇東遊時，劉邦和項羽都見到了秦始皇的車馬儀仗，威武雄壯的氣勢令人震驚。項羽看到這些，豪興大發，高喊：「彼當取而代之！」豪放直爽的氣派躍然而出。然而劉邦發出的嘆息只是：「大丈夫當如是。」其豔羨陰妒之情溢於言表。在後來的戰爭中，項羽勇猛善戰，無人能敵，性格也直闊豪爽，令人敬畏。

秦始皇最後一次巡遊時，死在半路。秦二世即位的第二年，陳勝、吳廣在大澤鄉起義。消息傳來，在吳中（今江蘇蘇州）的項梁、項羽起而響應，他們感到為楚國報仇的時機已經到來了，召集起八千子弟兵，殺掉了郡守。不久，有消息傳來，陳勝被秦將章邯打敗，項梁趕快率領江東子弟兵渡過長江，向西挺進。一些零散的反秦隊伍，如陳嬰、英布、呂臣等率領的武裝，都紛紛投奔到項梁的隊伍中，部隊一下子增長到六七萬人。

其時陳勝被叛徒莊賈殺死，張楚政權四分五裂。在這個緊要關頭，項梁在薛縣（今山東滕縣南）召開各路義軍首領會議，商量要公推一個義軍的首領。這時候，項梁接受范增的計策，派人四處尋訪楚懷王的後代，找到楚懷王一個叫熊心的孫子，這時他才十三歲，正替人家當放羊娃。於是項梁帶領大家把熊心立為楚王，為了順應楚人懷念故國的心情，仍稱他做「楚懷王」。這個消息傳開以後，果然又有很多人趕來參加項梁的隊伍。

項梁把楚懷王安置在盱眙（今山東盱眙東北），自己帶兵繼續西進。先在東阿打敗章邯，又在濮陽大破秦軍，不久攻占了定陶。其時原先齊、趙、燕、魏等國的舊貴族，也都在自己的土地上自立為王，恢復了原來國家的名稱，秦朝的統治眼看就要崩潰。秦將章邯見形勢危急，趕快請秦朝政府增派援軍，乘著項梁得勝後驕傲自滿，偷襲定陶，殺死了項梁。項梁一死，起義軍的隊伍受到很大損失，原來增援北上的項羽和劉邦只好撤退到彭城一帶。

秦將章邯擊破了項梁的楚軍主力之後，帶領大軍北渡黃河，攻打當時自稱趙王的趙歇。趙軍被圍困得抵擋不住，趕緊派人四處求救。楚懷王接到趙王求援的書信，派宋義為上將軍，叫他帶著次將項羽、末將范增北上救趙。宋義卻是一個膽小怕事、自私自利的小人，他根本就不想到城下和秦軍拚命。當他走到安陽時，按兵不動。項羽見此憤恨無比，衝進宋義軍帳，一劍斬下他的腦袋。將士們聽說殺了宋義，都立刻表示願意服從項羽的指揮，並擁立項羽代理上將軍一職。項羽擔任了援趙大軍的主帥，下令士兵每人帶足三天的口糧，然後又下令砸碎全部行軍做飯的鍋。將士們都愣了，項羽說：「沒有鍋，我們可以輕裝前去，立即挽救危在旦夕的趙國！至於吃飯嘛，讓我們到章邯軍營中取鍋做飯吧。」大軍渡過了漳河，項羽又命令士兵把渡船全部砸沉，同時燒掉所有的行軍帳篷。戰士們一看退路沒了，這場仗如果打不贏，就誰也活不成了。

項羽指揮楚軍包圍了王離的軍隊，同秦軍展開了九次激烈的戰爭，渡河的楚軍無不以一當十，以十當百，個個如下山猛虎，個個都奮勇拚殺。經過多次交鋒，楚軍終於以少勝多，把秦軍打得大敗，殺死了秦將蘇角，俘虜了王離，章邯帶著殘兵敗將急忙後退。那些舊貴族派來的援軍，看到項羽大獲全勝，又是佩服，又是害怕。

鉅鹿大戰之後，項羽獲得了諸侯們的一致崇拜擁護，成為楚懷王的上將軍，從此，他成為反秦運動的實際領導者。章邯在鉅鹿失敗之後，已沒有了自信心，後決定投降。項羽封他為雍王，留在楚軍的部隊中，另任命自己的親信司馬欣為上將軍，率領章邯的舊部，為攻秦的先鋒。一路西進，諸侯的軍隊不斷加入，總數達到六十萬以上。走到新安附近時，章邯的舊部表示出一些動搖的傾向，項羽就在一個晚上，將他們全部活埋，人數約有二十萬之多。走到函谷關時，關上的兵卒已不是秦軍，而是劉邦的軍隊，項羽這才明白，在他和章邯相持數月的時候，留守碭山的劉邦，已經兼程向西，由南陽進入武關，占領咸陽，接受了秦王子嬰的投降，比他領先了一步。

秦王朝既然已經滅亡，項羽就沒有入關的必要，因為占據關內的是同屬於楚懷王旗幟下的劉邦。但是為了爭奪支配全國的大權，項羽便不能不立刻入關與劉邦一決雌雄。由此，開始了劉邦、項羽長達四年的楚漢爭霸。

開始階段，以力量對比來說，項羽的軍隊擁有四十萬人，劉邦只有十萬人，項羽想要消滅劉邦是很容易的事。被項羽尊稱為「亞父」的范增建議說：「劉邦在東邊家鄉的時候又貪財，又歡喜美女，如今進關以後，財物和美女都不要了，我看他的野心不小，恐怕想要跟大王爭奪天下，您不如趁早下手，除了他算了。」劉邦手下的左司馬曹無傷偷偷派人來給項羽送信說：「劉邦想要在關中稱王，他準備拜秦王子嬰做相國，把秦朝宮裡的一切珍寶都占為己有。」項羽聽了這個消息，火冒三丈，他決定第二天一早派兵去攻打霸上，消滅劉邦。

項羽的決定，驚動了他的另一個叔父項伯，項伯和劉邦手下的張良是好朋友，他生怕明天打起仗來會傷害張良，就連夜趕到劉邦軍營裡去通知張良，叫張良趕快逃走。張良把項伯的話一五一十地報告了劉邦。劉邦一聽著了慌，連聲說：「這怎麼辦？這怎麼辦？」張良對劉邦說：「大王估計一下，咱們的軍隊能擋得住項王的進攻嗎？」劉邦沉默了一會兒，愁眉苦臉地說：「我看擋不住啊！這怎麼好呢？」張良說：「那您可以請項伯幫幫忙，叫他在項王面前給求求情。」劉邦叫張良趕快把項伯請進來，擺上酒席，熱情招待。劉邦低聲下氣地對項伯說：「我自從到霸上以來，什麼東西都不敢動一下。只是登記了官民的戶籍，查封了秦朝的倉庫，日日夜夜盼望項王到來。我派些軍隊把守關口，也只是為了防止盜賊，決沒有抗禦項王的意思。請您務必在項王面前替我美言幾句，請項王不要聽信謠言。」為了結交項伯，劉邦還當場把自己的女兒許配給項伯的兒子，兩人結成兒女親家。項伯答應了劉邦的請託，並囑咐劉邦第二天清早到項羽大營裡去謝罪，然後連夜趕回駐軍地鴻門。

第二天一清早，劉邦帶著一百來個人趕到鴻門，當面向項羽謝罪。項羽是個直性人，他看劉邦這樣謙虛，心頭的怒火很快就煙消雲散了。亞父范增一再地給項羽使眼色，項羽都默不作聲，既不表示同意，也不表示反對。范增急了，借個機會出去，把項羽的堂兄項莊找來，吩咐他舞劍來刺殺劉邦，但項伯用自己的身體掩護劉邦，使項莊下不了手。最後在張良和樊噲的掩護下，劉邦得以脫身。范增拿過劉邦送的玉杯，扔在地上，用寶劍把它劈了，然後長長地嘆一口氣說：「唉！項王太幼稚，真不值得替他出主意。將來與項王爭奪天下的，必定是劉邦這傢伙，我們都等著做俘虜吧！」

但當時項羽的力量還是要遠遠超過劉邦，眼看兩軍矛盾加重，劉邦軍中的一些人被項羽嚇得逃走了。先是韓信因未被重用而走，後來蕭何也失蹤，這對劉邦來說真是一個嚴重的打擊。因為蕭何是他多年的朋友，共同起義於沛縣，又很有才能。幸虧過了二天，蕭何回來了，才得知他是去追回韓信的。蕭何說這位韓信的確能夠貢獻別人所沒有的計謀，以解決當前的問題。不過一個如此有能力的人，應該擺在一個與他相適合的位置，他應該擔任的是將軍、大將，列於所有的將軍之上，這樣他才肯貢獻他的方法。蕭何的保薦，劉邦絕對依從，立刻築壇，拜韓信為大將。

西元前二〇六年二月，項羽自立為西楚霸王，都彭城，尊楚懷王為義帝，遷之於江南。他大封諸侯，違背「先入定關中者王之」的約定，令劉邦僻處漢中為漢王，令秦國三降將章邯、董翳、司馬欣分王三秦。三秦子弟，未死於討平陳涉之時，亦死於項羽盡坑降卒於新安之時，現在這筆帳全算在章邯身上了。董翳、司馬欣之輩，原本毫無聲望，只是與項羽的關係較為密切，自然為三秦父老所恨。三秦百姓的確很思念那滅秦而不殺子嬰、取咸陽而不燒宮屠城、除秦苛法而僅僅約法三章的劉邦。

在東方，項羽的政策也發生了失誤，他不該遷逐齊王、趙王、燕王。這三位崛起的諸侯，不曾有罪，都曾經派兵遣將來助項羽入關。現在項羽卻分封那些他們派來的將官，如田都、張耳、臧荼等，各自回國為齊王、常山王、燕王，驅逐原有的國王，使他們屈身為膠東王、代王、遼東王。這不僅令人不平，而且助長了叛亂勢力。項羽在山東、河北、遼東都一一種下了動亂的苗子。

在中部，魏王變成了西魏王，魏國的東部成了西魏王的領地。韓王鄭昌，項羽並不讓他回國，於是韓國的舊壤無形中成了西楚霸王的采邑。義帝原都彭城，項羽要他將彭城讓出，作為西楚霸王的都城。義帝無奈地被流放到郴縣，走至途中，又遭項羽暗殺。

韓信向劉邦獻策說：「項羽已經喪失了天下人的信任。他只是名義上的霸王。雖然一時看上去很強大，但我們很容易使他變弱。」韓信認為項羽對部下不信任，只是匹夫之勇；他對於有功者，捨不得賞賜與封贈，只是婦人之仁。打倒他，不是難事。可以想出的辦法就是我們趕快作好準備，一旦東方有事，項羽無暇西顧，漢軍第一步擊破章邯、董翳、司馬欣，第二步出函谷關就可以直搗彭城。

中國的舞台劇上，劉、項二人的爭雄正式開始了，雙方在中原大地進行了連續的血雨腥風的戰鬥，劉邦在蕭何、陳平、韓信三位人傑的輔佐下，逐漸取得了主動。第二年，劉邦乘項羽主力在齊作戰，大舉東進。當得知義帝被殺，劉邦就為義帝發喪，聲討

「楚之殺義帝者」項羽。劉邦派韓信北擊燕趙，東攻齊，南絕楚糧道，逐漸形成對楚的包圍態勢。西元前二〇四年，劉邦聯絡九江王英布反楚。陳平建議，用反間計使項羽懷疑范增、鐘離昧等忠誠有謀之士，項羽中計，范增被疑，怒而辭官，途中病死。自此項羽左右有遠見、多謀略者告絕，為劉邦取勝創造了條件。

西元前二〇二年，劉邦追項羽至垓下。項羽只剩下八百餘人，四面楚歌聲中，項羽與寵姬虞姬訣別，突圍南走。到了天明，漢軍才知道消息，派了五千騎兵去追。項羽走到淮河，只剩下一百餘人。渡淮以後，問路於農夫，為農戶欺騙，陷入一大片沼澤之中，被漢軍追及。又突圍向東，到了東城，所剩僅有二十八騎。這二十八名騎兵到了最後，他仍分為四隊，施演驚人的戰術，四隊同時突圍，指定對面三個山坡，為集合地點。於是一聲令下，分向四面馳出，便有漢將一名為項羽所斬殺。片刻之間，項羽的騎兵又集合在三個山坡之上，漢軍不能確知項羽的所在。等到漢軍分而為三，把三處的楚騎分別圍困，項羽又再度沖出，斬漢一都尉，殺了幾百漢軍。二十八騎之中，只損失二騎。

項羽帶了這二十六騎，又繼續向東南奔逃，來到長江江岸的和縣東北的烏江鎮渡口。烏江亭長將船靠在岸邊，對項羽說：「江東雖小，但地方千里，數十萬人之眾，也足以稱王。望大王趕緊渡江。現在只有我有船，漢軍追至，無船可渡。」項羽笑道：「天亡我，我渡江做什麼？而且我與江東子弟八個人渡江西進，如今無一人生還，縱然江東父兄可憐我而仍以我為主，我有何面目見他們。」遂將所乘馬送給亭長，讓從騎都下馬步行，手持短武器與漢軍交戰。項羽手殺漢軍數百人，自己也負傷十餘處。他知道大勢已去，仰望蒼天，大吼一聲，揮劍自刎。

歷時四年的楚漢戰爭以劉邦取得勝利最後即皇帝位而結束，而項羽最後成了一個悲劇人物留在了中國人的心裡。四年前後劉邦和項羽地位的轉變，如謎一般為史書記錄，但史書並沒有給出什麼明確答案。

對項羽失敗的原因，很多人進行了探討，但看法不全一樣。有人認為項羽之所以失敗主要是他實行了分封。在政治上劉邦是進步的，項羽是反動的，他大搞分封，符合舊貴族的利益，違背了人民的利益，日益陷於孤立，終歸於敗亡。也有人指出項羽缺乏政治頭腦，陶醉於眼前的成功，一心沽名釣譽。平時慳吝分封，勝利之後，又極其簡單地以封王的形式肯定和承認割據勢力。因與歷史發展趨勢背道而馳，終遭失敗。

另一種觀點認為劉邦、項羽的成敗，是他們個人素質所致。項羽過於殘暴，自恃拒諫，是出色的軍事家，但不是成功的政治家。劉邦品格低劣，成功在長於權術，善於用人。項羽失敗在於用人唯親，不講策略。更有人認為項羽失敗原因除了個人因素外，還有推翻暴秦後，沒有給人民帶來任何利益和生存生產的條件，而內部有不折不扣的奸細項伯的破壞。各家意見分歧頗大，要取得觀點一致，已不能局限於原有的史學方法，須加強歷史人物個性的研究。

劉邦流氓成性之謎

今江蘇省沛縣相鄰的豐縣，在二千年前是秦朝的沛縣豐邑。劉邦出生於豐邑，豐邑秦末置縣，屬於沛縣，漢興改稱豐縣。

劉邦有兄弟三人，長兄名伯，次兄名仲，他自己名季，伯、仲、季就是老大、老二、老三的意思，以排行取名乃是鄉間俚俗。劉邦這個名字頗為文雅，據說那是他當了皇帝后起的名，當皇帝之前一直叫劉季。農民子弟無錢入學，他的兩個兄長都是文盲。劉邦比較聰明，父親把他送入鄉間學校，讀書不多，略能識字與作文，至今劉邦家鄉中陽裡還保存著他讀書時的書塾。鄉間缺醫少藥，大哥患病早死，二哥是個樸素巴結的莊稼漢，埋頭隴畝，辛勤耕作，略有節餘，稍置產業。父親讚揚老二幹活賣力，持家有方。劉邦卻游手好閒，不治產業，被人看作是個不務正業的人。老太公有時也責怪他於家無利可入，認為他沒有出息。

其實劉父也是一個游手好閒之徒，平時不治家產，喜歡飲酒，有錢就打酒與人共飲，經常出入鄉間市井，肚子餓了，隨便買個湯餅充饑。凡是鄉里有鬥雞、踢球的事情，他都要插上一手，而且很在行。這種從小養成的習性，直到晚年還是沒有改掉。當時劉邦封他為太上皇，住在長安皇宮中，食宿都很豪華，劉邦以為這下他總該高興了，但出乎意外他總是一副鬱鬱不樂的樣子。劉邦不解，忙問其故，答稱自己從小就樂與屠夫、小販之流結交，現在周圍沒有這號人，很不習慣。劉邦為逗父歡心，選宮內廢址，築成類似豐沛鄉里市井風光街一條，以內監充任屠販，叫賣其中，樂得太上皇留連忘返。

少壯之年的劉邦很多生活習性與他的父親相似。他的酒癮很大，是邑市小酒店的常客。手中有錢就現買現飲，無錢則賒酒記帳，但他不會賴帳，一旦有了錢，他會加倍甚至加幾倍償還。酒家歡迎這樣的酒客，混得熟了，如同一家。當他喝成爛醉如泥，顧不得什麼體統，就和衣臥倒酒家床上，成了醉漢。可是後來劉邦當了皇帝，誰都不敢講他以前喝酒的事情，相反還有人為他粉飾了一些神奇的色彩，說什麼劉邦醉臥時，老闆娘常常親眼看到他身上有龍出現，龍體附身正與劉邦後來當上皇帝相符。傳說還有兩個老闆娘居然不計血本，把劉邦一年欠下的酒帳來個一筆勾銷，這無非是想證實劉邦龍體附身的神異之事。

劉邦結交的朋友也有屠販之徒，不過比他父親稍高一個檔次，可能與他的經歷有關。約西元前二一六年，時年三十一歲的劉邦被推為泗水亭長。亭長雖只管轄十里以內的民事、訴訟，是個小小的鄉吏，但他有機會與縣吏打交道。加上劉邦為人豪爽、不拘禮節的個性，很快與同事、上級混得很熟。

不務正業，遊蕩鄉里，使劉邦染上流氣，這個習性直至他補秦吏時還依然故我。當時沛縣有一外來戶，戶主姓呂，因與沛令友善，人們尊稱為呂公。那些有頭面的縣吏、鄉吏，得知沛令結識了一位尊客，紛紛準備厚禮往賀。主吏蕭何負責收受賀禮、賀錢，告訴送禮人不足千錢，只能坐在堂下低等宴席。劉邦囊中羞澀，不要說千錢，就是十錢、百錢也拿不出來，但他要躋身酒宴，怎麼辦？急中生智，假裝賀客往見，大言不慚地高聲喊：「賀萬錢！」在座的貴賓大為驚奇，自愧不如。他大搖大擺地闖進大門，手中卻空無一物，正當諸吏疑惑不解時，不料呂公從貴賓首座中徐徐起身，跨步相迎，引入貴賓之席。

劉邦好說大話，誑騙眾吏，自然使主受賀禮的蕭何不滿，於是當眾數落了劉邦幾句。但呂公不以為意，居然對這個捉弄他人的不速之客十分看重，其中緣由，據說呂公相中劉邦狀貌將來貴不可言，遂有此舉。

劉邦與呂公在賀宴上的邂逅相遇，還引出了他大齡得妻的風流韻事。呂公擇婿不以男方的家產、地位為重，而從其將來發展前途考慮。傳說呂公精通相術，初見劉邦，大奇其人；再相狀貌，貴不可言，到底是他的相術靈驗，還是後人有意誇大其辭，今天不得而知。但尊劉嫁女是事實，不能說此人沒有眼光。

劉邦好發大言，常常會流露出豪邁大志。有一次，他被蒸發到秦都咸陽服徭役，目睹秦始皇豪華壯麗的出巡，四周簇擁著威武的侍衛、鮮豔的儀仗和無盡的馬隊，只見到處都是光亮閃閃的刀槍兵器。事後他大發感慨道：「為人應做一個大丈夫，大丈夫當如此地出人頭地。」也許善於觀顏察色的呂公正是從劉邦的口出大言、必有大志這個角度去認識劉邦的，才會做出常人難以想像的事來。

無賴成性的劉邦即使當上皇帝后仍改不了本性。呂公的女兒叫呂雉，是個奇女子，為人剛毅，生性潑辣，連劉邦也讓她幾分，但劉邦不喜歡這個帶有幾分陽剛之氣的女人。呂雉既不能使劉邦得到性愛的滿足，又嚴禁劉邦愛上別的女人，好色的劉邦怎能忍受得了。礙於呂后的雌威，只得躲躲閃閃地尋歡作樂。一天，他進入掖庭織室，就忘了自己的身分。室中的織婦都是窮人或犯罪官員被株連的妻女，她們一入織室，就終生與織機相伴，永無見天之日。這時他偶然看見一個美貌的織女，頓時心花怒放，不顧對方的低賤身分，在情慾的驅使下，先是調戲，後則雲雨交歡，遂有身孕。問明女子姓薄，封為薄姬，不久為他生了一個兒子，取名劉恆。不管其母如何低賤，生下的都是龍子。

母以子貴，薄姬告別了永不見天日的織室，搬進了豪華的宮殿。她的兒子後來成為歷史上有名的漢文帝，她被尊為薄太后。

劉邦後又迷戀上了一個比薄姬更漂亮、更稱心的戚姓女子，薄姬便遭冷遇了。戚女聰明，善察劉邦心意，頗富女性柔媚之態。劉邦日理萬機，回到宮室，勞頓不堪，戚姬便百般溫存、柔語慰藉，倦怠之意立即消失，頓覺神情清爽，使精力日耗的晚年劉邦重有了勃勃生機。劉邦十分眷愛這位女子，遂初封她為戚姬，後又封為戚夫人，後宮地位僅次於呂后。

劉邦起於鄉里，出自布衣，結交群氓，思想深處不免打上粗野烙印。他從小不喜詩書，雖然曾進入過家鄉中陽裡的馬公書院讀書，但他與書不結緣，甚至有厭惡感。當秦始皇焚書坑儒的消息傳來時，他竟幸災樂禍，慶幸自己沒有與讀書沾過多少邊，用不到擔驚受怕。想到書燒成灰了，今後大家無書可讀，更是喜形於色。長大以後他不喜歡儒生，時時流露出草莽意趣和粗野作風。登位之後，有不少戴儒冠來求見的儒生，劉邦厭惡之餘，隨手取下對方所戴的帽子，當著客人的面，撒一泡尿在裡頭。殃及儒冠外，還波及儒袍。秦博士叔孫通身穿儒袍晉謁，劉邦一臉不高興。事後叔孫通了解底細，馬上變通，脫下儒袍，改穿楚服短衣，劉邦馬上高興起來。他雖貴為天子，但身穿短衣，習於楚俗服飾。如此對士人的輕慢，表面上看無禮至極，實際上是劉邦的流氣與粗野作風的流露。

楚漢相爭中，劉邦憑他草澤英雄的本色，好謀善斷，擢用人傑，胸懷大志，終成一代大業。在他的潛意識中，卻難以磨滅他的草莽意趣、流氣行為，他不掩飾自己的布衣個性，不弄虛作假，顯示了他俗得可愛的純真品格，成為一個活生生的糅流俗於英雄本色的人物。

漢武帝殺太子之謎

漢武帝征和二年，六十六歲的漢武帝已到了風燭殘年的時候，長年體弱多病，這位在中國歷史上素以雄才大略著稱的皇帝進入了生命的晚期。他和其他的君王一樣，在享受到至高無上的權力和後宮粉黛如雲的美色之後，就想著如何才能長生不老，永遠能享受到天下的榮華富貴。疾病在向他逼近，躺在未央宮中，他開始擔心自己是否會因病而死，並且懷疑自己的疾病是否是有人在詛咒他而引起的。武帝信任酷吏江充，任為直指繡衣使者。江充見武帝年老多病，且多疑，遂妄稱武帝病在巫蠱。

當時，京師聚集著許多方士、巫師，大行巫蠱之術。漢武帝時代通行的「巫蠱」形式，大致是用桐木削製成仇人的形象，有的插刺鐵針，埋入地下，用惡語詛咒，以為能夠使對方罹禍。當時的人普遍相信，如果想讓某人患病甚至去世，可以用木頭刻畫成此人的樣子，然後在他身上紮上針，埋在地下，再施以惡毒的詛咒，事情就會變得很靈驗。「巫蠱」曾經是婦女相互仇視時發洩私憤的通常方式之一，宮廷婦女和貴族婦女中因嫉妒而使用「巫蠱」之術，使得這種迷信意識嚴重侵入上層社會生活。因此，在皇宮表面的富麗堂皇與警衛森嚴的背後，很多頗有名聲的女巫們出入其中，為后妃們度厄，為怨婦們詛咒。這些后妃們為了爭寵，常常互相攻訐，而最有殺傷力的攻訐就是讓武帝相信，某人的宮中埋有木偶，木偶的神主就是武帝。

這種情況一直持續了有兩年左右的時間，想永存於世卻又疾病纏身，漢武帝一直被這種木偶與詛咒糾纏得不可自拔，后妃們的謊言與揭發，星象所顯示的災難變異，一日數報的邊疆急變，這一切都使得漢武帝越來越相信，自己的病和帝國的病，真的是由於木偶所引起的。為此，漢武帝命令江充到處掘地尋找木偶，一旦發現，便大開殺戒。這一時期，由於木偶而被處死的人數以萬計。

尤其讓國人和武帝感到震驚的是，江充報告說他在太子的東宮中找到的了許多木偶，言下之意，乃是指太子希望用詛咒的方法使父親早早死去，以便提早接班。之前，江充與太子已經結冤。江充憑著武帝對他的信任，見太子家使車馬在馳道上行走，就沒收車馬，並劾奏於武帝。太子請江充寬恕，江充不聽，兩人遂交惡不和。江充害怕武帝去世後太子將來會迫害自己，遂一直想找到報復的機會，現在機會終於來了。

戾太子劉據，是漢武帝的兒子，衛皇后所生，所以也稱為衛太子。後代稱他為戾太子，那是劉據死後的謚號。漢武帝二十九歲時，劉據才出生，漢武帝非常喜愛他。劉據長大以後，性格和順謹慎，漢武帝嫌他才能一般，不像自己，逐漸轉向寵愛王夫人所生子劉閎，李姬所生子劉旦、劉胥，李夫人所生子劉。於是皇后和太子都感到寵愛遞減，心不自安。漢武帝自己也感覺到這一點，有一次他對大將軍衛青說：「漢家建國匆促，加上四夷侵擾中原，朕不變更制度，則後世無所遵循；不出軍徵發，則天下不能安定，如此不可能不使民眾加重負擔。如果後世有人仍然繼續沿襲這樣的政策，那末，就是在重蹈秦王朝滅亡的覆轍了。太子性格穩重好靜，一定能夠安定天下，是我放心的繼承人。要尋找守成的君主，難道還有賢於太子的嗎？」雖然有了承諾，但太子不受寵愛是不爭的事實。太子的地位原本就岌岌可危，江充的指控和他準備向武帝匯報的威脅使太子更加膽顫心驚，這位已當了三十多年的太子，並一直生活在全能的父親陰影裡的年輕人只得找他的師傅石德商議對策。

石德說：「前丞相父子、兩位公主都因此致禍。巫與使者掘地得到罪證，不知是他們預先放置的，還是真的就有，現在無以自明，只有假冒皇帝的詔令，收捕江充等入獄，嚴加審問，追查其奸詐。而且陛下現在甘泉宮養病，皇后及家吏請安都沒有得到回音。陛下生死存亡未可知，而奸臣如此跋扈，太子難道忘記了扶蘇的教訓嗎？」

石德用秦太子扶蘇的悲劇警告劉據，劉據於是下決心起兵自衛。征和二年七月壬午日，武帝患病，在甘泉宮避暑，劉據派賓客以漢武帝使者名義逮捕江充等人，又調用宮中衛士，取武庫兵器，向百官宣布江充謀反。於是斬江充示眾，又用烈火燒烤的方式處死與江充聯手的胡巫。同時動員數萬市人與政府軍戰於長安城中，漢代最嚴重的政治動亂於是爆發，一起並不太大的事情終於釀成太子造反的後果。

當時在甘泉宮休養的漢武帝命令嚴厲鎮壓太子軍，宣布抓獲和殺死反叛者，自有賞賜。又具體指示：以牛車作為防衛工事，避免短兵相接，用弓箭盡可能多地殺傷叛軍。並且堅閉城門，不要讓反叛者逃離長安。漢武帝迅速回到長安，居住在城西建章宮，下令長安附近郡縣的正規軍進發長安，並且親自進行現場指揮。太子軍與政府軍在長安城中大戰五天，死者多達數萬人。五日後，太子兵敗逃走。是年八月，太子在長安城郊自殺，同時遇難的還有太子的兩個兒子，即武帝兩個未成年的親孫子。

事變之後，「巫蠱」冤案的內情逐漸顯現於世。漢武帝知道太子發兵只是由於惶恐，並沒有其他意圖，又接受了一些臣下的勸諫，內心有所悔悟。他下令族滅江充全家，又將江充的同黨蘇文焚死在橫橋上。他哀憐太子無辜，在劉據去世的地方修築思子宮與歸來望思台，以示懷念之意。天下百姓聽說後，都為太子劉據哀傷。思子宮和歸來望思台後來也成為詩人吟詠的對象。

事情弄到這種地步，武帝也覺得十分淒涼，想起太子和兩個皇孫竟然活生生地尋了死路，心中越發傷感，脾氣變得更加暴躁。到了晚年，行事十分糊塗，不近情理。有人認為武帝舉動不可思議的癥結在於他寵信方士，信奉巫術，又兼剛愎自用，暴戾恣睢。如果究其根本原因，漢武帝晚年的糊塗暴戾的性格，主要是因長生無術引起的心煩意亂所致。

另外一種意見認為，漢武帝晚年，臨近政權交替，國家政治進入了微妙時期。政治權力的轉移，對於最高執政者本人來說，看得非常重大。即使是他自己選定的繼承人，也是帶有極為苛刻挑剔的目光。在父子對政事看法有所不同的情況下，心理裂痕會越來越明顯。在這種特殊的政治背景下，具有極敏感的政治嗅覺，又有投機之心，受到漢武帝特殊信任並賦予重要權力的江充，利用漢武帝父子政治傾向不同的矛盾，製造了太子宮中的「巫蠱」冤案。

隋文帝死因之謎

西元五八一年，楊堅以後周外戚國丈的身分篡奪了帝位，建立了隋朝，史稱隋文帝。隋文帝共有五個兒子，均為獨孤皇后所生。隋文帝登基後，即立長子楊勇為太子，次子楊廣為晉王。

之後，文帝將楊勇廢為庶人，立善於偽飾的晉王楊廣為太子。仁壽四年四月，隋文帝得病，七月病重，不久死於仁壽宮。

關於文帝的死，目前學術界大致形成兩種觀點：第一種觀點認為隋文帝之死屬於他殺，兇手是他的兒子即隋煬帝楊廣。據史書記載，隋文帝楊堅病重期間，尚書僕射楊素、兵部尚書柳述等因皇帝病重而入宮侍奉，太子楊廣也住進宮中的大興殿。楊廣見文帝的病情危在旦夕，就親手寫信給楊素，讓楊素密切注意文帝的情況，並詢問今後該怎麼辦。不料楊素的回信被宮人誤送到文帝處，文帝看後非常震怒。

獨孤皇后死後，文帝最寵幸的是宣華夫人和容華夫人。宣華夫人陳氏是南朝陳後主的妹妹，人長得很漂亮，號稱「江南第一美人」，楊廣對她的美貌垂涎已久。當晚，陳夫人在旁侍疾，早晨出來更衣時被楊廣撞見。楊廣欲對陳夫人無禮，被陳夫人奮力掙脫。當陳夫人衣衫不整、神色慌亂地跑到文帝病榻前時，文帝氣憤異常，大罵道：「這個畜生如此無禮，怎能擔當治國的大任！」盛怒之下命令柳述說：「召我兒。」柳述以為要召楊廣，文帝急忙糾正道：「勇也。」大怒中的文帝要重立楊勇為太子，廢黜楊廣。柳述起草詔敕後讓楊素過目，楊素是楊廣的心腹，自然不肯召楊勇。楊廣馬上假傳聖旨，命親信左庶子張衡立即入大寶殿侍候文帝。張衡進入大寶殿，就把宮人和衛士全都趕出殿外。一會兒，張衡出殿宣布文帝已經駕崩。一時間，朝野上下議論紛紛，認為是張衡殺死了文帝。至於張衡是如何殺死文帝的，史書的記載有較大的出入，《大業略記》記載張衡以毒藥害死文帝，而《通曆》記載張衡「拉帝，血濺屏風，冤痛之聲聞於外，崩」。相似的記載還見於《隋書》卷三十六《后妃．宣華夫人陳氏傳》。

第二天，楊廣即皇帝位，為文帝發喪，並派人以文帝遺詔的名義縊殺楊勇。楊勇的十個兒子，長子被當場毒死，其他九個被流放到嶺南後，詔令當地官員把他們全部殺死。

文帝死後，陳夫人驚恐不安，忽然收到楊廣派人送來的一個金盒子，用紙封口，上有楊廣親筆書寫的封簽。陳夫人認為裡面必是毒藥，非常害怕，不敢啟封，在使者的催逼下，萬不得已才打開盒蓋。出乎她的意料，盒內裝的原來是幾枚同心結。邊上的宮人見此都非常高興，相互慶賀煬帝是不會殺人滅口了。當天夜裡，文帝屍骨未寒，楊廣就在宮內占有了名分上是他後母的陳夫人。文帝的另一個寵妃容華夫人，不久也被楊廣占有。

今天，當我們從史書記載的真實性來看，促使隋煬帝殺害隋文帝的原因是調戲陳夫人不成，這一傳說顯然是講不通的。因為早在文帝病重之前，想要奪取太子之位的楊廣就與陳夫人打過交道，當時他經常送陳夫人「金蛇」、「金駝」一類的貴重物品，其目的自然是讓陳夫人在父親面前替自己說好話。而開皇二十年更換太子，陳氏也「頗有力焉」，說明他們之間曾經有過政治合作關係。所以，在文帝病危之時，楊廣又是合法的皇位繼承人，陳氏怎麼可能開罪楊廣呢？基於這一點，有學者認為調戲陳氏一事充其量只是一種偶然性的促發因素，真正導致仁壽四年宮廷政變的原因，是文帝仁壽中的中央政治變動。

在楊廣奪取太子之位的進程中，有一個人的作用不可忽視，那就是他的母親獨孤皇后。她是楊廣奪宮的主要支持者，也是打擊反對楊廣勢力的主要力量。但是，獨孤後卻於仁壽二年去世。她的死，使楊廣集團不得不直接面對來自各方面政治反對派的壓力。這些壓力，首先來自楊秀和楊諒這兩個楊廣的弟弟。楊秀「性甚耿介」，對於楊廣透過並不光明的手段奪得太子之位，他是第一個站出來反對的人；楊諒更是以防禦突厥入侵為由厲兵秣馬，加強自己的軍備，「秀窺岷、蜀之阻，諒起晉陽之甲」，很好地概括了當時的局面。其次的壓力是來自朝臣及州郡牧守的威脅，主要人物包括梁毗、裴肅、柳述等，他們的主要攻擊目標是楊廣的心腹楊素。隋文帝對於梁、裴、柳等人針對楊素的上書和諫言，雖沒有盡納其意，但是的確對他日漸疏遠了。在慢慢奪去楊素實權的同時，文帝對柳述等人日漸寵信。這樣，仁壽中的這些政治變動使得楊廣集團曾經有過的優勢再度失衡，擁重兵而「陰懷異圖」的楊諒，以及被廢為庶人的楊勇，都有可能重整旗鼓取楊廣而代之，在這種局勢下，為了保護來之不易的太子之位，楊廣就不得不先下手為強殺害了自己的父親。

另外，有學者認為隋文帝並非是楊廣所殺，他是病死的。

持這一觀點的學者首先對《大業略記》和《通曆》提出了批評。他們認為這兩本史書本身存在許多常識性的錯誤。比如《大業略記》不但把緋聞案的女主角搞錯了，而且將二十一日發喪誤作十八日。甚至說殺文帝的首犯是宰相楊素，次為左庶子張衡，用的是毒藥，這一點也沒有任何一本史書能夠提供證據。《通曆》也是如此，試想在文帝與百官訣別的莊嚴時刻，身為太子的楊廣怎麼可能跑到別室去非禮陳夫人？而且文帝明知楊素是楊廣集團的核心人物，怎麼可能讓他去召楊勇廢楊廣？再者，行兇的手段為「拉殺」，且「冤痛之聲聞於外」，這樣的暗殺也太過於明目張膽了。基於以上種種疑點，加上《大業略記》的作者趙毅為初唐人，在隋末唐初的特定歷史環境中，人們普遍對隋煬帝深惡痛絕，在記述文帝死因問題上不可避免要摻雜個人的思想感情，以期引起人們對隋煬帝的憎恨。《通曆》的作者馬總生於中唐，他的記載很多地方經不起推敲。既然殺文帝時左右沒有人，冤痛之聲怎麼會聞於外？所以，《大業略記》和《通曆》似市井流言，不足為憑。

即使是司馬光在《通鑑》中引用了《大業略記》的記載，也慎重地註明「今從《隋書》」。至於《隋書》卷三十六《后妃．宣華夫人陳氏傳》的記載，也只是宣華夫人的一面之辭，並非源於檔案材料。北朝隋唐受胡俗影響，存在收納父妾的風氣，再加上如前所述，陳夫人與楊廣早有「淵源」，有可能這時兩人的感情發展較深，所以陳夫人被調戲一事的可信度還有待商榷。

除此以外，學者們認為還有許多理由可證明隋文帝並非楊廣所殺。自仁壽四年春，文帝已退出政治舞台，這時隋煬帝雖位居太子，實際上已成為攝皇帝。朝廷之事，「事無巨細，並付皇太子」，隋煬帝用不著再冒殺父罪名；七月，文帝已病入膏肓，不久即將離開人世，楊廣繼位已是時間問題，沒有必要再弒其父。況且一個生命垂危的病人，已對楊廣構不成任何威脅。此外，根據文獻的記載，自楊廣繼太子之位起，與其父的關係一直很融洽。他的才幹和魄力受到文帝的賞識，兩人之間沒有利害衝突。再就仁壽宮所處的地理位置而言，楊廣與楊素的衛兵一旦控制宮禁與交通，則一切盡在掌握之中。楊廣應該不會愚蠢到謀殺垂死的父親，授人以致命的把柄。

事實上大家都可以發現，以隋為鑑的唐太宗君臣，沒有一個指控隋煬帝弒父。當年，如火如荼的隋末大起義，成千上萬的民眾揭竿而起，不少隋朝官僚也趁勢反叛，在全國上下一派聲討聲中，亦沒有一人指責隋煬帝弒父這一頗具鼓動性的罪狀。被後人指控為殺害文帝的兇手張衡，史書上稱他「幼懷志尚，有骨鯁之風」。雖然他曾為隋煬帝奪得太子之位出謀劃策，但是到後來由於他反對隋煬帝建造汾陽宮和謗訕朝政而被賜死於家中。後唐高祖李淵認為他「死非其罪」，替他平反，並賜給他「忠」的字號。如果張衡果真是弒君兇手，唐高祖絕不會替他平反，因為這關係到國家賴以維持秩序的倫理道德問題。

那麼，不是死於他殺，又到底是怎麼死的？學者或認為文帝確如史書所說是因病而死，死前作好了後事的安排。也有人認為是因晚年縱慾過度而亡。獨孤皇后死後，文帝惑於宣華、容華這兩位年輕的女人，身體每況愈下。病重期間，文帝才意識到：「如果皇后在，我不會變成這種地步的。」但這一切太晚了，貪戀女色，導致了他的駕崩。

唐太宗玄武門政變之謎

玄武門是宮城的北門，地位重要，是中央禁衛部隊屯守之所。武德九年六月三日，李世民祕密向父親上奏說自己的哥哥即太子李建成和四弟李元吉「淫亂」後宮。李淵一聽，不禁愕然，決定第二天問個清楚。李淵當然知道三個兒子之間早就不和，所以六月四日這天他先是召集了大臣裴寂等商量此事，想然後再召三個兒子勸和。但他有所不知的是這個時候李世民率長孫無忌、尉遲敬德等人伏兵於玄武門了。

後宮張婕妤探知李世民有所動作，立刻向李建成報告。李建成找來李元吉商量，想想自己也早已作好在京城的軍事準備，自己的舊屬常何守在玄武門，所以還是決定入宮上朝。當二人行至臨湖殿時，發覺有點反常，剛想撥馬東歸，李世民隨後呼喊，一箭射死李建成。尉遲敬德帶領七十騎兵奔馳而來，射殺了元吉。東宮和元吉齊府的精兵二千人發覺事情有變，結陣猛攻玄武門。玄武門的將領常何、敬君弘等早已為太宗收買，這時奮不顧身，率兵堅決抵抗。不明就裡的部分駐守玄武門的士兵則採取觀望的態度，一時之間戰鬥不分勝負。

由於李世民方人數較少，越戰越不利，眾將士驚恐萬分。尉遲敬德靈機一動，提著元吉和建成的頭展現在齊府和東宮將士前，眾人一看自己的主人已經人頭落地，便無鬥志，紛紛潰散。當尉遲敬德殺氣騰騰地向李淵報告為何在玄武門發生戰鬥時，李淵馬上明白了整個局面，只能寫下手敕，命令所有軍隊一律聽秦王的處置。同時又派黃門侍郎裴矩到東宮曉諭諸將卒，事變很快平息了下來。

三天后，李淵立李世民為皇太子，而且表示大小政事今後全聽太子處理。過了幾天，他又提出自己應加尊號為太上皇，表示自己想早點退位。兩個月後，他下制傳位於太子，李世民正式即位。

「玄武門之變」以李世民的徹底勝利而告終，所以以後各種史書在記錄這一事變時都站在唐太宗的角度闡述事情的經過，而把失敗者他的兄弟李建成、李元吉以及他的父親李淵描寫成昏庸無能的樣子，使得後人大多認為「玄武門之變」是正義的，是不可避免要發生的。然而，隨著對這一歷史事件研究的深入，已經有越來越多的學者提出了一些疑問，如事變到底是誰發起的？李淵在立李世民為太子之後，為什麼在短短的兩個月內就讓位了呢？

有人根據現有史料的記載，認為唐高祖愛好酒色，昏庸無能，他用佞人，忌功臣。

太子李建成愛好酒色畋獵，親近賭徒惡霸，同李淵一樣是個紈絝無賴子。第四子李元吉，也是凶險的一個人。他們勾結宮中寵妃們，極力想謀害李世民。可以這樣說，這種時候唐朝的前途對唐太宗似乎十分危險，唐太宗其實是無奈之下的自衛，對國家來說是有利於大局的行動。一些學者發現，李建成、李元吉看到在實戰中不斷建立功名的李世民，心中十分不安，引樹黨友，想置李世民於死地。早在武德七年夏天，李建成就私自召募健兒，打算用武力除掉李世民。甚至還讓宮中妃嬪向李淵報告，李世民曾經說自己有天命，應該為天下主。玄武門之變的前幾天，李建成乘征北突厥的機會，還想奪秦王府的兵權，只是沒有成功而已。

不同意這種觀點者認為玄武門之變的實質其實是李世民和李建成爭奪皇位，是同室操戈，自相殘殺。要搞清楚歷史的真相，首先要從史書的真實性談起。從史源上說，現在的史書主要是來自於朝廷編修的實錄。然而自清代以來，就不斷有學者指出唐初的實錄不實，不能盡信其記載。自唐初起，史官由國家任命，負責編修本朝國史，宰相負責監修。當時負責修改實錄的是許敬宗。《舊唐書．許敬宗傳》中記載他喜歡憑個人的愛憎隨意刪改實錄，而且也有史料記載太宗自己也曾強行審讀過實錄，並命令史官按其意進行修改。由此可見，太宗和高祖兩朝實錄的真實程度確實值得懷疑。司馬光的《資治通鑑》中一方面對實錄的諸多記載表示懷疑，但同時有關唐初政治內容還是大量參照了實錄。如此一來，實錄之後的史書，包括兩唐書和《資治通鑑》在內，均沒有擺脫實錄記載的影響。因此所有史書關於這一事件的記載是不能全部相信的。

實錄不實，我們對一些問題的看法就要多加個心眼了。史書記載李淵是庸愚昏暗，李建成是冥頑不靈，整日沉湎於酒色之中，這些是真的嗎？

學者指出，其實李淵出身於北周軍事貴族，富有政治、軍事經驗。雖然他舉兵反隋時已年過五十，但仍不失為一個雄心勃勃、英勇幹練的領導人物。溫大雅在《大唐創業起居注》中稱他「身懷經世之略，有經綸天下之心」，且待人接物不論貴賤都表現得謙遜有禮，在當時頗得人心。他策劃了太原起兵，並成功地引導唐軍進入隋都。在大唐建立之初，李淵又利用自己與舊貴族和官僚的關係，網羅了一批周、陳、隋朝的宗室貴戚在新朝中央供職。在經濟上實行租庸調法與均田制，前者在開皇舊制的基礎上擴大了納絹代役的範圍，後者對抑制土地兼併和保證農民獲得少量土地造成了一定的積極作用。這些都可說明李淵不僅在整個反隋建唐的戰爭過程中功不可沒，而且在他統治的武德時期也頗有作為，為後來李世民的「貞觀之治」奠定了基礎。

至於太子李建成，他為人寬簡仁厚，有政治軍事才幹。在輔佐李淵處理政務、穩定後方、支援前線方面起過巨大的作用，在統一全國的戰爭中有顯著軍功，決非實錄描繪的是荒唐無能之人。李建成的威望之所以沒有李世民那樣高，是因為他大部分時間都在北方邊疆防禦突厥人，比起李世民接連戰勝竇建德和王世充，他的戰功表現得不太明顯。

既然李淵不是昏君，李建成也並非是無能之輩，在李世民的授意下史書在刻意掩蓋事實，那麼玄武門之變也絕不會是一場正義全在唐太宗這一邊的戰爭。早在一九四〇年代，著名史學家陳寅恪先生就已經說過：「唐自開國時建成即號為皇太子，太宗以功業聲望卓越之故，實有爭嫡之圖謀，卒釀成武德九年六月四日玄武門之事變。」陳先生的話可謂一針見血。問題的實質其實是李世民想搶皇位，而李建成想保持皇位，所以雙方明爭暗鬥。

更有一些人直接指出，玄武門之變是一場宮廷政變。立長不立賢是古代社會的傳統，建成身為嫡長子，為唐朝的建立立下了汗馬功勞，又不見其有失德之事，由他繼承皇位，本無可爭議。建成無除掉李世民的本意，而李世民卻是蓄謀已久地發動了玄武門之變。因為如果透過正當途徑他是無法登上皇位的，只能用殺兄戮弟逼父的辦法達到個人的目的。按例殺掉建成自己當上太子，事變應該結束，但唐太宗並不滿足，殺建成僅僅是第一步，接下來他先把李淵架空，二個月後乾脆連皇帝也搶了過來。至於當時為什麼不馬上搶皇位，主要是李世民為了避免得到逼父篡位的惡名而已。

與上述問題相關的是，在玄武門之變中，李淵的態度也成了討論的焦點。

在李建成和李世民兄弟明爭暗鬥的過程之中，李淵的態度是有傾向性的。如果光從史書的記載來看，他似乎更加青睞李世民。太原剛剛起兵之時，他就對李世民說過，事成之後，要立他為太子。楊文干造反時，他也許諾李世民，等討平楊文干後，「立汝為太子」。李世民自己也說：「武德六年之後，太上皇有廢立之心而不之定也。」有大臣覺得唐朝建立後，秦王李世民權力過重，威脅到太子建成的地位，建議乘早將他外放為官，李淵不但沒有聽取，反而擢李世民為天策上將，開館延四方學士，從而導致了李世民周圍聚集了一大幫心腹。玄武門之變時，李淵似故意在太極高泛舟海池，並不急著去阻止兒子間的爭鬥。當大臣勸李淵立李世民為太子時，他立刻表示「此吾之夙心也」。因此許多人認為李淵從一開始就是偏袒李世民的，到最後他其實是放手讓李世民與其兄弟一爭高低。

然而，正如眾所周知的那樣，初唐的實錄並不可信，李世民在當上皇帝後，對自己的這段歷史盡力加以粉飾，從而使自己的即位顯得合情合理。因此，又有人認為，高祖其實是傾向於李建成的，因為他默許李建成增募長林兵以加強長安的力量，又眼睜睜看著李世民的兩個最重要的謀士房玄齡和杜如晦被革職而不聞不問。李元吉被派往抵禦突厥人之時，隨身帶走了李世民手下最優秀的將軍和精銳的士兵，對於這件事，李淵也並無反對意見。作為一位封建帝王，嫡長子繼位的觀念在他身上從沒有動搖過。除非建成身上出現什麼問題，否則廢立太子是根本不可能的。事實上建成也很有軍事才能，唐初在安排職務時，建成統率左三軍，李世民統率右三軍，建成在軍事上的能力並不亞於李世民。相反，李淵對李世民的咄咄逼人是有所看法的，曾經不滿地說：「這個兒子帶兵的時間太長了，在外面專制獨斷慣了，周圍的一幫讀書人教了他許多壞點子，已經不是我原來的兒子了。」

除了以上兩種相反的看法之外，還有人認為李淵並沒有什麼傾向性。眼看著兩個兒子爭權奪利，他只想把一碗水端平。因此，他一方面空許諾李世民，要立他為太子，一方面又對李建成、李元吉兄弟的諸多陰謀視而不見。

玄武門之變的結束是以唐高祖李淵退位、唐太宗李世民即位而告終的，但史書對這一過程記載十分簡略，因此李淵禪位十分讓人產生聯想。

有人認為當時的唐高祖已年邁花甲，精力不足，當上皇帝之後，安逸的宮廷生活消磨了他當年帶兵打仗時的銳氣。宮中妃嬪眾多，生活日益腐化。他在關中各地巡幸、打獵，好不快活。然而由於唐王朝建立才不久，隋朝滅亡的過程還記憶猶新，他雖不願再為朝政而日理萬機，但也不想斷送辛苦建立的唐朝政權。在這種情況下，他決定把大權交給才華橫溢的李世民，自己當太上皇，坐享奉養之福。其次李世民的地位已經確立，做皇帝只是早晚的問題，對高祖來說，讓位比不讓位要保險得多。持這種觀點者還稱讚高祖主動禪位是明智之舉。

也有人認為高祖的讓位是被迫的。李世民發動玄武門之變，最終的目的是為了奪取皇位，六月四日喋血禁門只是達到目標的第一步，即對高祖釜底抽薪，逼他讓出帝位才是真正的目的。為了緩和輿論，李世民先讓高祖當傀儡皇帝二個月，之後演了一出內禪劇。所謂內禪，無非是將高祖軟禁後逼其退位的代名詞。而李淵的確害怕李世民像隋煬帝那樣為了奪取皇位最終殺害自己的父親，所以只能選擇禪位的形式。

但不管怎麼說，玄武門之變的結果是將一個偉大的政治家推上了歷史舞台，而與此同時，由於他對修史的諸多干涉及有些人的故意隱晦，使得這一事件給後人留下了許多難以破解的謎題。

唐高宗廢立皇后之謎

永徽六年，唐高宗李治廢皇后王氏為庶人，立昭儀武氏（武則天）為皇后。幾乎同時，朝廷的元老重臣如長孫無忌、褚遂良等，均因為反對立武則天為皇后而遭到貶逐或誅戮。對於這一史實，很多人都將矛頭指向武則天，認為是由她一手策劃和導演的。據《資治通鑑》和《新唐書》的記載，武則天於永徽五年將自己的親生女兒扼殺並嫁禍於王皇后。兩書說：武昭儀生女後，王皇后十分喜歡這個小孩，有一天特地前去逗她玩。王皇后走後，武昭儀趁無人看見時將小女孩用手扼死，上面蓋上被子。高宗到來後，武昭儀假裝歡笑依舊，然後掀開被子讓高宗看小女孩。被子一掀開，女孩已死，武昭儀大哭。高宗問左右，左右都說王皇后剛來這裡不久。高宗非常憤怒，說：「皇后怎麼能殺我的女兒。」昭儀於是邊哭邊數落皇后的不是，而皇后卻無法替自己爭辯，於是高宗「始有廢后意」。但是，持這一觀點的人往往是只看到事件的表象就下了臆斷。那麼，歷史的真相究竟是什麼呢？

廢王皇后立武則天，許多史書上都將這件事歸結為高宗的「昏懦」。這種說法最早源於《新唐書》，認為高宗「昏懦」受制於武則天，至死也不知採取點什麼措施改變一下這種局面。後人大多繼續這種說法，認為高宗是個亡國的昏君，才會任武氏擺布。但是，只要我們全面仔細分析一些史料，就會發現這種說法並不客觀。

有學者指出，高宗在繼承帝位之後，繼續遵循太宗的各項政策，「表現得頗為能幹」。他在繼位之初就鼓勵臣下進諫，基本上能做到禮賢下士，虛心納諫。《資治通鑑》稱永徽年間的政事「有貞觀之遺風」，是對高宗能力最有力的肯定。高宗的政事才能還表現在賞罰分明上。高宗的叔叔滕王李元嬰和高宗的哥哥蔣王李惲肆意搜刮民財，高宗在賞賜諸王布帛時，唯獨不賞賜滕王和蔣王，說他們「自能經紀，不須賜物。給麻布兩車以為錢貫」，使二王頗感慚愧。高宗處事十分果斷，永徽三年，他及時平息了吳王恪及高陽公主、房遺愛、薛萬徹等人的叛變。

高宗在位約三十四年，其間的前十四年在政治、經濟方面有著不可忽略的政績。他繼續推行加強中央集權的各項制度，包括繼續施行均田制，令長孫無忌等修成《唐律疏議》，繼續推行並進一步發展了科舉制度，保持了國力強盛，加強與友邦的睦鄰友好關係，維護國家統一。永徽年間，高宗遣將打敗了東突厥，並分置單於、瀚海兩都護府。顯慶二年滅西突厥。與此同時在與北方、西南方、南方、東北的各少數民族的戰役中也屢屢獲勝，南方的鄰國林邑（今越南中部）也與唐朝建立了友好關係。這一時期社會經濟在向上發展，戶口的數字每年都有較大幅度的增長。

從以上這些方面來看，說唐高宗「昏懦」實在有失偏頗，認為廢立皇后之事不是他的想法似乎難以令人相信。試想，以唐太宗李世民之英明，經過慎重考慮而立的太子，又怎會是一個「昏懦」無用之人？高宗雖沒有其父創業時的恢弘氣度和足智多謀，但至少他夠得上是個守成之君。至於武則天，她當時只不過是一個昭儀，還不可能具備指揮高宗的力量。如果她當時可以輕鬆駕馭高宗的話，也不必以扼死自己的親生女兒為代價了。《舊唐書》說自顯慶以後，武則天「自此內輔國政四十年，威勢與帝無異」，《資治通鑑》上說自麟德元年以後，「天下大權，悉歸中宮，黜陟殺生，決於其口，天子拱手而已」。這些史實都說明武則天逐步從高宗手中奪取權力是在當上皇后之後的事。而且高宗委政武后，也是唐高宗乾陵六十一賓王像出於本人意願。無論如何，高宗不太可能僅憑武則天的一面之辭就輕易地廢掉皇后。

既然高宗腦子很清楚，而且這也主要不是武則天搞的鬼，那麼，他為什麼要廢掉王皇后？專家們認為這其實與高宗即位之後的政治形勢密切相關，廢立皇后僅是當時政治交鋒的一個焦點。

高宗父親唐太宗在去世之前，對兒子的能力不太放心，所以讓他最信賴的當時僅有的兩位宰相長孫無忌和褚遂良為顧命大臣，吩咐他們要盡心輔助扶持李治。長孫無忌是高宗的舅舅，是當年太宗玄武門之變的重要策劃者，為太宗貞觀年間的頭號重臣。褚遂良以文才著稱，當年極力主張立李治為太子，是一個公認的正人君子。

初登王位的李治，年齡剛二十出頭，正是血氣方剛之時，雖然他的父親與兩位顧命大臣有著很深的交情，但是他自己與他們卻並沒有多少感情可言。相反，在這兩位大臣的「輔助」下，李治做事常常會有束手束腳之感。長孫無忌和褚遂良的倚老賣老，使高宗想擺脫他們兩位控制的願望十分強烈。

擺脫控制的第一步，是增補張行成、高季輔、李勣為宰相。李勣等人曾是太宗的親信，但後來因事被貶，高宗此舉的目的是十分明顯的，無非是想分長孫無忌和褚遂良的宰相大權，從而培植絕對忠於自己的勢力。之後，高宗對兩位顧命大臣發動了進攻，抓了點小事就貶褚遂良為同州刺史。同時為培植自己的勢力，封王皇后的母舅柳奭為中書侍郎，依舊同中書門下三品，企圖用自己的外戚與自己父親的外戚爭權。

不過沒多少時間，形勢發生了變化。褚遂良畢竟沒有什麼大問題，所以又回來作了宰相。永徽三年七月，大臣們又提出了立太子的事情。事情的起因是柳奭和王皇后商量想立後宮劉氏所生的高宗長子陳王忠為太子。為什麼柳奭和王皇后要立陳王？因為王皇后生不出兒子，而劉氏出身低賤，王皇后希望自己立陳王忠後，陳王會感激她。柳奭知道自己一個人這件事是做不成的，遂與褚遂良、長孫無忌、韓瑗、于志寧等商量後一起上書。立太子事一旦挑明，高宗十分失望，自己提拔的柳奭、于志寧等人原本是想用他們來分長孫無忌和褚遂良的權，現在卻與他們站在同一戰線上，而且內有王皇后呼應。

年少氣盛的高宗自然是不會輕易罷休的，決定把希望轉而寄託在培育外朝的新勢力上，遂先後任命禮部尚書許敬宗和中書舍人、弘文館學士李義府等為宰相。這時他已下定決心，外要除掉隨時牽制他的一幫老臣，內要廢掉已成為自己對立面的王皇后。因為隨著柳奭向長孫無忌等人的靠攏，她已逐漸成為高宗與元老重臣相爭的焦點。

永徽六年，高宗主意已定，召集眾大臣商量廢后。元老重臣中褚遂良堅決反對，高宗馬上貶他為潭州都督。長孫無忌也多次上書談到不能立武后，高宗先是極力拉攏他，祕密派人賜給他金銀寶器，但長孫無忌仍不領情。武后母親楊氏親自登門讓無忌不要反對，許敬宗也在高宗的授意下反覆勸導，但無忌還是我行我素。數年後，高宗餘怒未消，先是貶他到黔州，接著又派人去審問他的案件，最後認為無忌要謀反，令他自盡了事。

武則天約在永徽初年召入宮中，儘管貌美無人能敵，但在短短幾年中以區區昭儀地位而使高宗俯首聽命肯定是不可能的。王皇后其實年齡比武則天年輕好幾歲，人也長得很漂亮，但武則天「素多智計，兼涉文史」，深得高宗寵愛，一旦廢后，高宗也已有滿意的替補。而此時恰逢武則天把愛女之死嫁禍給王皇后，所以高宗更有了廢后的正當理由。於是在永徽六年的十月份，掀起了廢立皇后的軒然大波。王皇后的被廢，尤其說是武則天后宮爭寵的結果，還不如說是高宗想結束唐太宗的影響，自己獨控政權的必然。在這一點上，李看得十分明白。當高宗要他對廢立皇后表態時，他狡猾地說：「此乃陛下家事，不合問外人。」既不想得罪太宗老臣，又不想在這場鬥爭中跌跟鬥。高宗對他的回答十分滿意，讓他主持了冊武昭儀為後的儀式。實際上高宗所做的，無非是順我者昌，逆我者亡。

廢立皇后的背後，其實是一場驚心動魄的政治搏鬥。

武則天加害孫女永泰公主之謎

永泰公主李仙蕙，是唐高宗李治和女皇武則天的孫女，中宗李顯的第七個女兒。死於西元七〇一年，年僅十七歲。初葬河南洛陽，西元七〇六年遷回長安，陪葬乾陵。

關於公主死的經過，《舊唐書》、《新唐書》和《資治通鑑》均有明確的記載。當時武則天年事已高，許多政事都委託張易之兄弟辦理。邵王李重潤和他的妹妹永泰郡主以及郡主的丈夫魏王武延基在背後偷偷議論張易之，被張發現後，告到武則天處。武則天大怒之下逼令他們三人自殺。由於三部正史都把整件事情寫得清清楚楚，所以，永泰公主死於李重潤一案，一直以來，史學家們都沒有什麼異議。

然而，自從西元一九六〇年發掘永泰公主墓，出土了公主的墓誌銘之後，就逐漸有學者對公主的死因提出了不同的看法。他們認為史書與誌文的記載有很大的不同，而且史書對於李重潤一案在記載上有許多違異之處。例如關於李重潤、李仙蕙、武延基三人的死亡時間，新、舊《唐書》及《資治通鑑》的記載各不相同，有的記年，有的記年記月，有的則是年、月、日都記，與誌文上刻的永泰公主的死亡時間有所出入。因此他們推斷永泰公主並非與武延基等同時遇害。又如關於李重潤一案遭殺害人數，三本史書也分別有三人、二人、一人三種說法。關於三人之死的方式的問題，三本史書有「杖殺」、「皆逼令自殺」、「令自殺」、「得罪縊死」、「縊殺之」、「殺」等不同的記載。綜合以上三大疑點，加上永泰公主墓誌銘上有「珠胎毀月，怨十里之五香；瓊萼凋春，忿雙童之祕藥」和「自蛟喪雄鍔，鸞愁孤影，槐火未移，柏舟空泛」等字樣，學者們推斷李重潤一案並未波及到永泰公主，丈夫武延基死後，她還孤單地生活，而最終導致她死亡的原因是難產。龍門石窟奉先寺的盧舍那佛，修鑿於武則天時代。

當然，並不是所有的人都同意以上的觀點，也有學者堅持正史的說法，認為永泰公主的確為武則天所殺。在他們看來，新、舊《唐書》和《資治通鑑》在三人死亡時間的記載上，只有詳略的差別，沒有年、月、日的混亂和矛盾，而且透過計算，史書所記的三人死亡時間（九月壬申，即九月初三）與墓誌所記永泰公主之死亡時間（九月初四），相距僅一天，由此並不能推斷出公主並非與李重潤等同時遇害。關於死亡的人數，三本史書之所以記載會有不同，是由於同一事件在一本書中多次出現，作者為了行文的需要，有主次和詳略的安排。所以，這也不能說是史書之間互相違異。至於三人之死的方式雖說有許多不同的說法，但是遭殺害這一點是一致的，而且除了「杖殺」之外，其餘記載均屬賜自盡的方式。他們還認為唐代就有對罪犯在律外先行決杖的慣例。至於死刑，唐代也有先決杖後行刑的慣例。所以，李重潤以大逆之罪在被武則天賜令自殺之前先行決杖，是符合當時的國情。而從小嬌生慣養的李重潤很有可能經不起杖打的痛苦，在行杖刑時就一命嗚呼。因此，「令自殺」和「杖殺」也就不矛盾了。

排除了以上的疑點，接下來最大的問題就是，史書的記載為什麼會和墓誌銘的記載有所不同？學者們認為這與墓誌銘的作者在當時的處境有關。給一個遭殺害的死者寫墓誌，如果直書死因，往往會給死者及其家屬、後代帶來難堪，尤其被害的人與自己是差不多時代的人，又貴為公主，若寫不好，不僅牽涉到整個皇族的顏面問題，很可能自己的項上人頭就不保，所以作者只能採取避重就輕的辦法，巧妙地避開死亡的真正原因，或者說是關鍵原因。永泰公主難產可能確有其事，因為她當時畢竟只有十七歲，身心發育也許都還未健全，而且據出土的永泰公主的屍骨看，她的身材也很嬌小。但是並不能就因此斷定她的死與武則天毫無關係，說不定她就是被武則天明的或暗的手段使得流產而喪身的。相反，難產只是永泰公主死亡的次要原因，其主要原因還是祖母武則天的迫害。

沒有想到，一塊墓誌銘的出土竟會使原本明明白白的一段歷史變得撲朔迷離，究竟永泰公主是因何而香消玉殞，可能還要等待學者們更加有力的論證，才能揭開謎底。

武則天長住東都之謎

唐朝建都於長安，洛陽是它的東都。從唐高祖至高宗，均以長安為全國的政治中心，但是武則天登上帝位之後，除了長安元年十月到三年十月這段時間住在長安以外，其餘時間一直住在洛陽。

據史料記載，武則天於西元六八四年九月改嗣聖元年為光宅元年，並且「改東都為神都，宮名太初」。改東都為神都，無疑是想抬高洛陽的地位；而「太初」則意味著一切從新開始。與此同時，武則天又在洛陽立武氏七廟。西元六八八年二月還在洛陽建立了明堂。七廟是古代帝王權力的象徵，明堂是帝王舉行祭祀、朝會、慶祝各種大典的場所。武則天把七廟和明堂建在洛陽，無疑是想要以洛陽代替長安了。此外，西元六九一年七月，也就是武則天登上王位還不到一年的時候，就把關內十萬戶居民遷到洛陽。至此，武則天要以洛陽為全國新的政治中心的用意已顯露無疑了。那麼，究竟是什麼原因促使她長住洛陽，並以洛陽代替長安呢？

有一種說法來自於傳統史書的記錄。《資治通鑑》和新、舊《唐書》等史書上都記載，武則天曾與王皇后和蕭淑妃爭寵，王、蕭失勢被囚，高宗惻然傷之，對二人表示即將重新處置。武則天知道後，令人杖二人各一百，截去手足，投於酒甕之中，還罵道：「令此二嫗骨碎。」二人數日後死去。此後，武則天便經常在夢中見到她們「被髮瀝血如死時狀」。為了擺脫惡夢的困擾，她先是移居蓬萊宮，但眼睛前面還是經常出現兩人身影，不得已，就直接遷居到洛陽。這種說法自司馬光開始已流傳了很久，但是它看似順理成章，卻有許多漏洞。

首先，武則天常住洛陽並把洛陽作為政治中心，是高宗死後的事，距離王、蕭二人之死有二十多年了，把二者聯繫起來成為因果關係，不免有些牽強。其次，就武則天一貫的行為和性格來看，她不像是那種懼怕厲鬼報復的人。移居洛陽之後，她也沒有少殺人，有學者甚至認為她殺人殺得「手滑」。因此，史書的說法難以成立。

另一種說法認為，武則天之所以長期住在洛陽，「無非為其曾在長安出家，避洛陽可以縱情荒淫享樂起見」。這種說法也有待商榷。因為武則天先後任皇后、皇太后和皇帝，她的一舉一動均受人矚目。她要享樂也好，要掩蓋曾在長安出家為尼也好，簡單地靠遷居洛陽的方式並不能掩蓋過去。更何況徐敬業起兵時，駱賓王起草的檄文中就有「洎乎晚節，穢亂春宮」的詞句，可見她的過去早已為天下人所共知，再怎麼遷都也於事無補。至於她要享樂，就更不用避人耳目了。且不說薛懷義、張易之、張昌宗為其面首一事是否屬實，光看武氏的作風，她在平定叛亂和治理朝政上，手段之強硬與任何一位男性帝王相比，都是有過之而無不及的。如果她要貪圖享樂，還會懼怕輿論的制約嗎？

有人認為武則天長住洛陽主要是經濟上的原因。早在隋煬帝時，留在東都的時間比長安為多。入唐後，唐太宗曾三幸洛陽。其時關中屢遇天災，農產品供應不足，所以帝王往往移居洛陽，等到關中農產豐收，然後再回到長安。唐高宗曾七次到洛陽去，也主要是這個原因。至武則天，乾脆就長住洛陽了。長安的運輸遠不及洛陽來得方便，而洛陽地處南北運河的中點，交通漕運便利，因此洛陽得到武則天的看重固然不排除有政治及帝王私慾上的原因，但主要是因其經濟地位決定的。

還有一種說法，較前面幾種而言更為新穎，即認為武氏遷居洛陽是出於政治的需要。她的目的在於改朝換代，以周朝代唐朝。在封建社會以男子為中心的傳統繼承製度的局限下，一個女人要奪取王位，做真正意義上的皇帝實屬不易，而武則天先後作為皇后、皇太后、皇帝，這一路走來更是比男人多了幾分尷尬。雖然她最後成為了一國之君，擁有至高無上的權力，但是作為李氏之婦，其子為李氏之後，她和李氏之間始終存在著千絲萬縷的關係，無法改變「男尊女卑」、「夫為妻綱」的傳統思想和以男子為中心的帝位繼承製度。她不能與李唐皇朝徹底決裂，不論是貶低或是抬高李氏王朝對她都是極為不利的，在這種進退兩難的情況下，她只能選擇另起爐灶，建立新的政治中心，這樣一來，既不會侵犯李氏在長安的原有地位，也顯示了武氏在洛陽的另一番至高無上。無疑，這一舉動對於協調李氏和武氏的矛盾也是有利的，顯示了武則天的政治才能和智慧。

更有一種觀點認為，武則天長居洛陽的原因是高宗時期開始的獨特的軍事和政治原因造成的。高武時期周邊地區軍事形勢較初唐有很大變化，唐朝與東北方、西方、北方的戰事不斷。唐高宗為了便於指揮與高麗的戰爭，多次來到洛陽。與吐蕃發生戰爭後，唐朝面臨著東西兩條戰線，高宗就在兩京之間來回奔走。從當時實際來看，洛陽正好位於全國幾何中心的策略位置，較之長安更加便於應付各方的種種戰事。武則天上台後，在制度上標新立異，別立系統，政治原因遂成為與軍事原因並行不悖的長駐洛陽的又一原因。她想拋棄長安，擺脫李唐王朝的大本營和政治、禮儀氛圍。當高宗死後，她連高宗西葬都不願回長安一趟。

那麼，武則天要另外建立一個政治中心，她為什麼不選別的地方，而是偏偏對洛陽

「情有獨鍾」呢？持這種觀點者認為這是由洛陽自身的各方面條件所決定的。

長安處於關中平原的中部，雖然土地肥沃，農業生產比較發達，但是由於它屢屢為各朝代的都城，城市人口日益增多，所以隨著時間推移就很難滿足自己城內的糧食需求。為了解決這一問題，早在西漢年間，政府就大力發展漕運事業，然而由於路途的遙遠，加上三門峽一段的黃河河道狹窄，多暗礁，所以漕運要付出很大代價，往往得不償失，而位於三河交匯中心的洛陽卻與長安截然不同，洛陽尉楊齊哲曾在給武則天的奏書中稱洛陽「帑藏儲粟，積年充實，淮海漕運，日夕流行，地當六合之中，人悅四方之會」。可見，當時洛陽在經濟發展上的條件的確優於長安。

自古及今，洛陽的地理環境決定了它具有經濟和軍事兩大方面的優勢，歷代帝王都對它非常重視。漢高祖稱道：「吾行天下多矣，唯見洛陽。」隋煬帝也說洛陽是：「天地之所合，陰陽之所和。」這一切都說明洛陽在帝王心目中的地位，實際它具備了作為一個都城的條件。到了武則天，她特別青睞洛陽，把洛陽作為新的政治中心，應該說是不足為奇的。武則天之後的中宗、玄宗等。又將神都改成東都，重新回到了長安，洛陽的重要性之後漸漸失去，從這點上看，武則天長駐洛陽可能是特殊環境下的特殊人物的特殊舉動。

武則天殺裴炎之謎

裴炎，唐高宗病重時拜相，受遺詔輔佐中宗，是當時的元老顧命大臣，對唐王朝忠心不貳。中宗即位初，重用韋後家族，欲以韋後之父韋玄貞為侍中，裴炎堅決反對，引起中宗不滿。裴炎懼，乃與武則天密謀，廢中宗為廬陵王，立豫王旦為帝。武則天臨朝稱制，裴炎與她的矛盾日益突出，光宅元年遭到了殺身之禍，被處斬於洛陽都亭，朝廷上下震驚不已。那麼，武則天為什麼要殺死裴炎呢？

武則天殺裴炎時冠以謀反罪，一些人認為這確有其事。歐陽修在《新唐書》中說：「豫王為帝后，不管天下政事，大權全部握在武太后手裡。裴炎想在武太后出遊龍門時，派兵把她抓起來，還政於天子。恰巧當時天一直下雨，太后不出門，其事也就沒有做成。」動用軍隊抓太后，日後說他謀反的確應該是可以成立的。《朝野僉載》中也談到了裴炎的謀反，不過是另一回事。故事大致上是這樣的：裴炎為中書令時，徐敬業打算謀反，命駱賓王設計讓裴炎一起參加到反武隊伍中。駱賓王兩足踩在牆壁上，靜靜地思索了一段時間，寫成了一首歌謠：「一片火，兩片火，緋衣小兒當殿坐。」他先是教裴炎家裡的小兒朗讀，一傳十，十傳百，京城裡的小兒都會唱了。裴炎想尋找學者破解這首歌謠，就找到了駱賓王。裴炎給他許多寶物錦綺，駱賓王一言不發。裴炎又用音樂妓女駿馬賄賂他，還是不語。兩人一起觀看裴炎家裡的古忠臣烈士圖，駱賓王神色很嚴肅地說：「此英雄丈夫也。」於是說起自古大臣執政，常會改換社稷，裴炎聽後十分高興。裴炎問謠言中的「片火」、「緋衣」是什麼意思，駱賓王北面而拜說：「你就是真人也。」裴炎於是就與徐敬業等一起合謀怎樣反對武則天。揚州起兵後，裴炎作為朝廷中的內應，寫了一封信給徐敬業，內中只有「青鵝」二字。有人告發了他，朝中官員不能破解二字的意思，武則天看後說：「這個青字，拆開來就是十二月；鵝字，就是我自與也，即我參加的意思。」於是決定把裴炎殺死。

這則繪聲繪色的故事，使一部分人相信裴炎的謀反確有其事。有人認為裴炎為人並不光明磊落，是一個妒功害能、氣量狹小的人，平時大家對他很有意見。他勾結徐敬業是確有其事，所以武則天屢說「炎反有端」，招致殺身之禍也就難免了。

有許多人不同意這種說法，他們認為武則天殺裴炎其實是武則天不能容納異己的結果。他們認為《朝野僉載》雖然成書較早，但小說成分居多，所載的事情經過充滿了豐富的想像，缺乏事實根據。裴炎的謀反，其實是武氏集團的誣陷，兩《唐書》和《資治通鑑》都不載他與徐敬業有勾結，《通鑑考異》認為這些記述「皆當時搆陷炎者所言耳，非其實也」。而從裴炎的表現來看，也無與徐敬業等人合謀的跡象。徐敬業等人起兵時是以匡復廬陵王為口號，怎能以裴炎為帝呢？身為宰相的裴炎，如果僅憑駱賓王的幾句歌謠就想稱帝，那也太不近情理了。

那麼是什麼原因促使武則天下毒手殺裴炎的？有人指出，睿宗即位後，武則天仍以太后身分臨朝稱制，裴炎效忠李唐王室的行為勢必和武則天發生矛盾。先是裴炎反對武則天追王自己的祖先、立武氏七廟，後是徐敬業起兵反武后，武承嗣、武三思屢請武則天找藉口殺掉韓王元嘉和魯王靈夔，以斷絕叛軍宗室之望，執政者都不敢表態，只有裴炎力爭不可，引起了武則天對他的嫌惡。徐敬業起兵最緊張的時候，裴炎向武則天進言說：「皇帝你年紀已經很大了，沒有必要凡事都親政，使得徐敬業之類的猾豎之人有話可說。如果太后返政，像這樣的亂賊不討伐也可以破滅。」聽了這樣的話，武則天不被激怒才怪了。在武則天要改朝換代之際，身邊卻有著這樣一個唐室忠臣，這就是裴炎真正的死因。

也有人認為裴炎確是沒有謀反，但並不因為他是唐室忠臣就遭到武則天的憎恨。主要原因是裴炎兩次得罪武則天后，認識到自己處境很危險，所以在徐敬業起兵後，不積極平叛，反而讓武則天交權，這是為了個人的前途利益，置國家和人民的利益於不顧，遂遭殺身之禍，其被殺完全是咎由自取。而不同意這種看法者認為既然裴炎自知處境危險，身居高位的他為了保全自身，理應做出一些迎合武則天的姿態才是，相反卻希望藉此勸武則天返政，這只能表明裴炎是對李唐王朝的忠心和在政治上的幼稚與天真。

使武則天最終決定殺裴炎的原因，到底是像武則天說的謀反，還是如一些人說的因為他是唐室忠臣，或為了一己私利，還需人們進一步探索。在武則天執政時期，酷吏政治的特點非常鮮明，濫殺無辜時有發生，裴炎難道也是當時的犧牲品？

武則天無字碑之謎

神龍元年十一月，中國歷史上唯一的女皇武則天在洛陽上陽宮淒涼地死去。第二年，她的靈柩被運到長安西八十公里的梁山，和唐高宗合葬在一起。

梁山是一座海拔一千多公尺的圓錐形石山，山勢峭拔挺立。乾陵以山為陵，將整座山建成了一個巨大的陵園。梁山有三個山頭，北峰最高，南面二峰較低，東西對峙，形成天然門戶。三峰聳立，就好像武則天仰臥於大地，北峰為其頭，南面雙峰峰頂因為有十五公尺高的土闕，遠遠望去恰似乳房。有人認為，只要一看到梁山三峰，就會使人感受到武則天的威嚴和非凡無處不在。置身於三峰之間，你彷彿就面對著這位剛烈女性，受到了她張揚的性格和媚麗的恣色的包圍，你對她既萌生出肅然起敬的感覺，又產生出無限的聯想。傳說武則天希望死後自己能頭枕梁山，腳蹬渭河，臥望長安，看來她的選擇是很有眼光的。

唐高宗乾陵述聖記碑

梁山三峰，由一條南北走向的高嶺相連。高嶺之巔便是長達七百多公尺的墓道。墓道兩旁，一百二十四件石刻對稱排列，以其獨特精美的造型風格，點綴著陵園的自然風光，與山陵默契相合，創造出了一種神聖、莊嚴、肅穆的氣氛，給人以心靈上的震撼。在朱雀門的地勢寬闊處，西側矗立著武則天追記高宗文治武功的紀念碑——《述聖記碑》。全碑七節，高六公尺多，全文八千多字，武后撰文，中宗書寫，字面填以金屑，光澤豔麗。東側的《無字碑》，是武則天的紀念碑。碑高與《述聖記碑》相同，整石雕成，重量達百噸。碑頭九條蟠龍盤繞，兩側線刻雲龍紋。碑座的正面是一幅獅馬圖，馬屈蹄俯首，雄獅威嚴挺立。雕刻之精細，為歷代墓碑罕見。

令人感到奇怪的是，武則天立《無字碑》時隻字未刻，這在中國歷代是十分少見的。今天我們在乾陵參觀時看到碑上隱約可見的文字，是宋、金以後遊人在上面的題識，使《無字碑》成了有字碑。那麼武則天在立碑時為什麼一反傳統不刻一字，其用意是什麼？

有人認為武則天在碑上不刻一字，是為了誇耀自己的政績，表示自己在統治時期功德高大，並不能用文字來表達。武則天從西元六五五年被冊立為皇后，西元六六〇年高宗將政事讓給她裁決，直至西元七〇五年中宗復位，前後掌握國家大權幾十年。她突破太后臨朝稱制的慣例，稱孤道寡，主宰天下。由於她的非凡才能，唐太宗開創的貞觀之治得以延續。她堅持中央集權，繼續推行法治，開創殿試制度，加強和改善與邊疆各少數民族的關係，發展農業生產，維護了唐王朝的統一和強盛。武則天維持了貞觀以來國家經濟向前發展的態勢，這種發展對唐玄宗的開元之治起了十分重要的基礎作用。這樣說來，武則天的確是功高德大，不是很容易能用文字表達清楚的。

反對這種觀點者認為，武則天既然給自己的丈夫唐高宗立碑作傳，歌頌他的政績，輪到自己卻不是這樣做，顯然很不符她的風格。她是個敢做敢講、好大喜功的人，她不可能不用文字這種最方便的方式來宣傳自己的政績。她在暮年就為自己立過「大周萬國頌德天樞」碑歌頌自己，為何在臨終前認為自己功高莫名，非文字可述？

另有一種說法認為武則天之所以立無字碑，主要是她知道自己罪孽深重，無顏為自己立傳，感到還是不寫文字為好，以免死後落個話柄在後人手裡。持這種觀點者對武則天執政時期的政策基本上全部予以否定。他們認為武則天以非常手段騙得高宗信任，從才人的地位爬上皇后高位，最後竊取皇位，無論是唐朝人還是後代人，這都是無法接受的。掌握政權後，武則天培養自己的黨羽，任用酷吏，實行告密和濫殺政策，大量剷除異己。在武則天當政時期，唐朝的社會經濟並不見得有什麼發展，實際上當時是處在一個馬鞍形曲線的底部。就在武則天期間，安西四鎮一度不保被奪，威脅到了國家的統一。因此武則天是無法為自己立傳的，她只能以無字碑為後世定基調。不過這種說法有很多人並不贊同，他們認為如果武則天無顏為自己立傳，那麼她乾脆不立碑豈不是更好。

武則天乾陵無字碑

另一種說法認為武則天是個聰明過人的女人，她既不想自吹自擂，但又不甘心無聲無息，她立了無字碑，想讓自己的功過由後人去評述，據說這也是武則天臨死前的遺言。武則天執政時期，有驕人的成績，不但經濟上承繼了唐太宗時的發展趨勢，而且在用人上不拘一格，為後人讚嘆不已。另一方面，她為了鞏固自己的地位，濫殺無辜、崇信佛教、奢侈浪費，形成了以自己為中心的一個統治集團。武則天後期，隨著年齡的增大，她被迫還政於唐中宗，自知死後人們對她會有各種各樣的評價，碑文寫好寫壞都是件很難的事情，乾脆就立一塊無字的碑，留給後人去評說自己。

此外還有少數人認為碑是唐中宗李顯所立，但撰寫碑語時犯了難，稱武則天是「皇帝」、「母后」好，還是稱「大聖則天皇后」好，群臣意見也不統一，所以最後只好不了了之。不過不同意這種說法者認為這種觀點僅是猜測而已。武則天死後中宗就謚號「大聖則天皇后」，唐中宗如果用此號寫碑文可謂名正言順，有什麼不好稱呼的？

也有少數人認為武則天權智過人，很喜歡標新立異，她造怪字，信佛教，寵幸男人，她做的往往都是歷史少見的事情。死後，她也要標新立異，立一塊無字碑讓後人摸不著頭腦，以顯示出她過人一等的智慧。

以上這些觀點，究竟哪一個更能符合當時的實際？這真是一個難題。一個女皇立下的一塊無字的墓碑，留給了後人無限的想像。

唐玄宗「傳位」之謎

唐肅宗李亨是玄宗李隆基的第三個兒子。從小聰敏強記，兩歲封王。玄宗廢掉太子瑛之後，朝廷中以李林甫為首的多數大臣都擁護玄宗寵妃武惠妃的兒子壽王瑁為太子。但是玄宗卻認為李亨年長，又聽高力士的話。在他的堅持之下，李亨得以在開元二十六年入主東宮。天寶十三載正月，安祿山來朝，李亨覺得他有謀反的跡象，於是請求玄宗誅殺安祿山，但是玄宗沒有聽他的話。後來，安祿山果然叛變，大兵壓向京師，玄宗等倉皇向蜀郡出逃。

馬嵬驛兵變之後，玄宗的隊伍中發生了意見分歧。有的認為不可以到蜀郡去，有的主張到太原，有的提議到朔方，有的說還是回京師的好。玄宗一心想入蜀，在徵得大家同意後決定繼續前進。老百姓們「遮道請留」，希望皇帝不要離開宮闕陵寢所在之地。玄宗想了很久，最終還是西行了，叫太子李亨留在後面宣慰父老。過了一會兒，人越聚越多，竟達數千人。百姓父老拉住太子騎的馬，太子無法前行。太子的兩個兒子及李輔國勸太子留下來，以便東討逆賊。玄宗走出了一段路，見太子不來，心中有所疑慮，無奈之下，撥給他二千人馬，命他收復長安。

有學者認為，太子「不得行」是故意製造的假象。長期以來，太子與父皇有較深的裂縫。玄宗曾同日賜死三個皇子，太子看在眼裡，心裡感覺十分可怕。如果繼續跟隨父皇到蜀郡，今後太子地位能否保住，是難以預料的。他採用了李輔國等人的意見，讓老百姓出面遮道請留，以求得發展個人勢力。玄宗已經預感到太子要走自己的路了，不禁嘆了一聲：「天也。」就與太子分道揚鑣了。

李亨率眾自奉天一路北上，於天寶十五年七月到達靈武。僅過三天，他就在城南即皇帝位，是為肅宗，遙尊玄宗為太上皇，改元至德，頒布詔書，大赦天下。

就像當年李亨能入主東宮，全靠其父王李隆基的堅持一樣，史書記載，肅宗能在靈武順利即位，其父親的「讓位」之舉造成了關鍵作用。

從《唐大詔令集》收進的《肅宗即位赦》和《肅宗即位冊文》這兩份官方文書來看，玄宗似乎在馬嵬驛兵變和安史動亂之前就已經有厭煩每天處理朝政的情緒，並且有要傳位給太子李亨的念頭。《舊唐書》的《韋見素傳》和《楊貴妃傳》以及《資治通鑑》等分別提到了玄宗想要傳位或禪位之事，論調與上述兩份文件一致。因而從表面上看，玄宗早已有了禪位之心，馬嵬驛兵變則讓他如願以償。然而，只要再仔細探究一下整件事情的前因後果，就不難看出其中存在著許多不合邏輯的地方。

從常理而言，沒有一個大權在握的封建君主會心甘情願地讓出寶座。自漢代以來的太上皇，除了那些名為傳位實仍獨攬朝政，或名為傳位實則等待時機重新上台者以外，其餘的太上皇最後的結局都是比較悽慘的。更何況唐玄宗並非碌碌無能之輩，作為一個曾經帶領國家開創了令全世界嘆為觀止的開元盛世的皇帝，怎麼可能那麼輕易地將皇位拱手相讓呢？

《舊唐書》和《資治通鑑》均言玄宗在天寶十三載時就已有了傳位之心。但是恰恰是在這一年，他在興慶宮接受了大臣送給他的「開元天地大寶聖文神武孝德證道皇帝」的徽號，並為此頒發了全國大赦文，從中看不到一絲一毫他想禪位的跡象。雖然這一年，他也曾幾次向高力士提起要將「朝事付之宰相，邊事付之諸將」，但是將朝廷大事委託給將相顯然與傳位沒有什麼關係。

事實上，李隆基、李亨父子於馬嵬驛分道揚鑣之後，李隆基並沒有聽任李亨一個人去平定叛亂，自己在成都靜待佳音。相反地，他於入蜀途中從容布置平叛，從未忘記自己的帝王身分。玄宗到成都後的第十四天，肅宗從靈武派出使者赴蜀，向玄宗報告即位的事情。四天后，李隆基頒布了《命皇太子即皇帝位詔》。此詔其實已無任何作用，太子早已即皇帝，所謂「命」已是徒有虛名，只不過是為自己被迫讓位留點面子。詔中玄宗說自己儘管已是太上皇，但是肅宗在處理軍國事務後必須向他奏報。此外，他還為自己保留了以「誥旨」形式處理事務的權力，並用詔令的形式使之固定化和法律化。李隆基所做這一切的結果，不但沒有讓人看出他有「高枕無為」的意向，相反，使唐朝在一段時期內形成了一個由太上皇和皇帝同為政治中心的特殊的中央政治格局。

頒詔後二天，玄宗命左相韋見素、宰臣房等帶著傳國寶玉冊到靈武，舉行「傳位」儀式。同一天，他命賈至寫了一篇《皇帝即位冊文》讓韋見素帶到靈武，內中稱讚肅宗有忠孝之誠，其實不過是官樣文書罷了。據說賈至寫好這篇冊文後，玄宗讀了一遍，感嘆萬千，說：「過去先帝（睿宗）遜位給我，冊文是你父親賈曾所寫。今天我將神器大寶託付儲君，又是你寫冊文。」賈至聽後，嗚咽感涕，反映出了玄宗傳位的無奈和悲涼。

肅宗在靈武，得到了郭子儀等人的幫助，壯大了軍力。這年九月南下扶風，舉起了平叛的大旗。九月底，在順化（今甘肅慶陽）他見到了韋見素等人。韋見素等獻上傳國寶及冊書，但肅宗不肯受，假惺惺地說：「近來中原還沒有安定，我是暫時總領百官，哪裡敢乘人之危，搶奪皇位。」群臣固請，肅宗還是不許，就將皇權象徵物傳國寶和冊書置於別殿，說就如孝子朝夕事奉父親一樣，每天昏定而晨省。至此，「傳位」也就結束了。

至德二年九月，唐軍收復長安，在蜀郡流浪了一年多的玄宗在肅宗的迎接下回到了長安。作為太上皇，他重新回到了興慶宮。不久，李輔國在肅宗授意下將玄宗幽禁於西內，直至最終幽憤而死。

許多人認為，儘管史書記述了眾多玄宗情願傳位的資料，但從種種疑點推斷玄宗禪位並非出自他的本意。他之所以會在得知肅宗靈武即位之後，馬上作出反應，頒布《令肅宗即位詔》和《肅宗即位冊文》，其實是一種政治手腕。因為此時李亨已得到朔方的支持，打出平叛旗號，他不得不承認這一既成的事實，況且這樣一來，他也能名正言順地在肅宗即位後的國家政治中施加自己的影響。他們還認為，《舊唐書》和《資治通鑑》所提到的「內禪」、「傳位」之事其實指的是天寶十四載十二月，玄宗意欲親征叛軍而命太子監國一事，與傳位於太子沒有關係。

然而，這一切也只是推測，要真正揭開玄宗「傳位」之謎，還有待學者和歷史學家們提出更多有力的證據。

唐玄宗寵妃楊玉環下落之謎

安史之亂後，叛軍向唐朝的政治首都長安步步進逼。哥舒翰在潼關失守，附近的河東、華陰、馮翊、上洛等郡的守將都棄郡而逃，長安危在旦夕。

潼關最為吃緊的當天夜裡，玄宗命龍武大將軍陳玄禮整集禁衛六軍和馬匹。次日黎明，玄宗和楊玉環姐妹及眾皇子、嬪妃、皇孫，還有大臣楊國忠等從禁苑西邊的延秋門出宮。中午到達咸陽，縣令早已逃走，楊國忠從集市上買來胡餅給玄宗充饑。飯後又趕路，半夜才到達距京城八十五里的金城。當夜，從前線趕來報信的人說，哥舒翰被擒。次日，來到馬嵬驛。隨行將士個個又餓又渴，於是怒火中燒。楊國忠正好走過，士兵憤怒之下將他斬殺肢解。玄宗出驛讓嘩變的士兵返回部隊，士兵拒絕散開。陳玄禮說：「楊國忠謀反，楊貴妃不宜再在御前供奉，希望陛下為國法而舍割恩情。」高力士勸玄宗說：「貴妃確實無罪，但是將士們已經殺死了楊國忠，而貴妃還在陛下身邊，他們能安心嗎？望陛下好好考慮。將士安心，陛下也就平安了。」無奈之下，玄宗只得命高力士帶楊貴妃到後面佛堂，用白綾縊死，陳屍在驛庭中，讓陳玄禮等來驗看。傳說在運屍時，貴妃腳上的一隻鞋子失落，被一位老婆婆拾得，此後又藉機發了一筆橫財。

根據《資治通鑑》等史書記載，楊貴妃死在馬嵬驛，這也是為大陝西臨潼華清宮多數人接受的史實。中唐自居易《李夫人》和鄭隅《津陽門詩注》等均明確提到了楊貴妃死後葬在馬嵬，鄭隅還詳細記載了玄宗命高力士移葬楊妃的情況。宋朝樂史的《楊太真外傳》甚至說高力士將楊貴妃縊死於佛堂前的梨樹下。著名學者陳寅恪先生在《元白詩籤證稿》中認為樂史可能是受了白居易《長恨歌》中「梨花一枝春帶雨」的影響。

一部分學者認為楊貴妃是死於馬嵬驛，但不是被高力士縊死的，而是死於亂軍的槍下，這種說法的根據是一些唐詩的描述。如杜甫有《哀江頭》一首，內中有「明眸皓齒今何在，血汙遊魂歸不得」句。此詩作於安祿山占據的長安城中，所以他有可能在暗示貴妃並不是被縊死的，因為縊死是不會有血汙的。唐代另一詩人李益有七絕《過馬嵬》和七律《過馬嵬二首》，內中有「托君休洗蓮花血」和「太真血染馬蹄盡」等句，究其實也是講貴妃死於亂軍叢中，而不是縊死的。杜牧《華清宮三十韻》也說：「喧呼馬嵬血，零落羽林槍。」意指貴妃是死於禁軍士兵的亂槍下。

其實楊貴妃的死因在唐代還有多種猜測，除上述死於亂槍之外，還有人認為是吞金而死。劉禹錫《馬嵬行》說：「綠野扶風道，黃塵馬嵬行，路邊楊貴人，墳高三四尺。

乃問裡中兒，皆方幸蜀時，軍家誅佞幸，天子舍妖姬。群吏伏門屏，貴人牽帝衣，低回轉美目，風日為天暉。貴人飲金屑，攸忽英暮，平生服杏丹，顏色真如故。」這種講法在其他書中並不多見，陳寅恪先生也是十分懷疑，認為之所以會出現可能與「裡中兒」的傳說有關。

然而也有一部分人並不認為貴妃死在馬嵬驛，他們提出了自己的看法。

有人認為楊貴妃逃往日本了。在日本民間和學術界有這樣一種看法，當時被縊身亡的，乃是一個侍女，楊貴妃並沒有死。她由陳玄禮的親信護送南逃，行至現在上海附近揚帆出海，漂泊到日本久谷町久津。唐玄宗曾命方士出海搜尋，至久津向楊貴妃面呈佛像兩尊，貴妃亦以玉簪答覆，但始終未能回歸故國，最後在日本終其天年。據說，日本國至今仍有楊妃之墓，而日本著名演員山口百惠也稱她自己是楊貴妃的後代。持這種觀點的學者認為，當時提出要縊死楊貴妃的陳玄禮本人其實與楊妃並沒有深仇大恨，而且據史料記載，馬嵬坡事件之後，他仍深得唐玄宗的信任和器重，如果他真的讓楊妃死了，玄宗應對他恨之入骨才對，怎會依舊信任他呢？唯一的可能就是陳玄禮透過斡旋，使楊妃保住了性命。

與上述大同小異的一種說法，認為楊貴妃確東渡日本了，但不是高力士和陳玄禮用的調包計，而是死而復生。日本學者渡邊龍策在《楊貴妃復活祕史》中認為高力士僅是將楊貴妃窒息昏迷，楊貴妃醒後在舞女謝阿蠻和樂師馬仙期的幫助下，往東南潛入襄陽，再漂泊到武昌，沿長江到達揚州。日本遣唐使團團長藤原刷雄將貴妃帶上了海船，逃到了日本山口縣的久津。楊貴妃出走日本後，謝阿蠻和馬仙期設法把楊貴妃東渡的消息呈達玄宗，玄宗聞訊，感嘆不已，就派方士去日本找楊貴妃，並面呈兩尊佛像，勸她回國。雙方雖互通了消息，但楊貴妃最後未能隨方士回國。

與楊貴妃逃亡日本的說法相似，另有一種新穎的觀點認為楊貴妃逃到美洲去了。台灣學者魏聚賢在《中國人發現美洲》一書中稱，楊貴妃並沒有死在馬嵬驛，而是被人帶到了美洲。這種說法因為沒有足夠的資料支撐，相信的人很少。

中國有一部分學者認為楊貴妃最終流落於民間。俞平伯首先於一九二〇年代提出這一看法，他主要是對白居易《長恨歌》和陳鴻《長恨歌傳》進行了考釋。他指出，白氏詩中說「似馬嵬之事不足為恨」，看來只有生離才稱得上「長恨」。白氏又說：「馬嵬坡下泥土中，不見玉顏空死處。」玄宗正是由於馬嵬驛墳中沒有楊妃的屍體，才遣方士四處尋覓。白氏詩中又說：「上窮碧落下黃泉，兩處茫茫皆不見。」其實是說楊妃仍居於人間。基於以上種種原因，俞平伯認為馬嵬事起倉促，楊貴妃雖被賜死，但未必真死，可另覓替死鬼。楊妃流落民間後，大約當了女道士。唐代的女道士院就是娼家妓院，故楊貴妃最終淪落為娼女。所以對深愛楊貴妃的玄宗來說，真是「此恨綿綿無絕期」了。有不少學者贊成俞平伯的說法，並進一步作了論證。

楊貴妃是個有著傾國傾城美貌的特殊人物，她的死被蒙上了一層特殊的面紗。對美的追憶，使我們對楊貴妃的最後歸宿，至今仍用不同的觀點在闡釋著。

唐武宗滅佛之謎

會昌五年七月，唐武宗下令滅佛，沙汰寺院僧尼。先是拆毀在山野中的寺院，隨後下詔長安、洛陽的兩街各留二寺，每寺留僧三十人。全國節度使、觀察使下的鎮地和同、華、商、汝各州留一寺，上等寺留僧二十人，中等寺留十人，下等寺留僧五人，其餘被沙汰寺院的僧人全部勒令還俗。在沙汰之列的寺院，派御史前去督令限期拆毀，寺產收歸官府所有，拆下的木材用來建造官署，銅像鐘磬都用來鑄錢。至這年八月，武宗宣布全國共拆毀寺院四千六百所，還俗僧尼二十六萬五百人，山野中的小寺廟拆去四萬餘所，收得良田數千頃，寺院奴婢十五萬人。

唐武宗原本也是喜歡佛教的，但即位數年後就對佛教懷有刻骨仇恨，這到底是為什麼？

有人認為武宗之所以下令滅佛，主要是與當時的宗教鬥爭有關。《舊唐書》說：「武宗想學神仙方術，拜道士趙歸真為師。歸真得寵後，每次與武宗談話，就一直講佛教的壞話，說佛教不是中國的宗教，只會蠹耗生靈，應該全部剷除。武宗聽後覺得很有道理。」佛教傳入中國後，一方面和儒家思想常有衝突，另一方面又和土生土長的道教也矛盾重重。為爭取最高統治者的青睞，佛道兩家常常進行激烈的辯論，兩教的地位也常發生變化。根據這種說法，道教和佛教之間的嚴重矛盾，道士在武宗面前攻擊佛教，促成了武宗滅佛。

從一些材料看，這種說法的確是有一定道理的。由於佛教的教義在理論深度上遠遠超過道教，因果報應、輪迴轉世等內容很能夠取得人們的信任，因此道教在教義上無法與佛教相爭，於是道教就利用政治上的優勢排斥佛教。武宗寵幸趙歸真後，朝官屢屢進諫。武宗說：「我在宮中沒有什麼事情，常常與他談玄說道來解除胸中煩悶。」看來趙歸真的話對武宗的影響越來越大。武宗滅佛是重用趙歸真等道士開始的。他剛做皇帝時就召趙歸真等八十一人入禁中，同時進行崇道活動。趙歸真一方面挑起了武宗要求長生的願望，另一方面又不斷地排斥佛教，使武宗的崇道思想不斷增強。武宗還任命趙歸真為右街道門教授先生，使趙老道一下子成了風雲人物，連宰相李德裕也看不下去了，對武宗說：「聽說近來趙歸真的家門，車馬畢集，希望陛下好好警誡他。」因此，持這種觀點者認為道教利用政治上的優勢排斥佛教，是武宗滅佛的直接原因。

另一種說法認為滅佛事件的發生是朝廷與佛教的經濟矛盾所導致的。武宗對全國發布的《拆寺制》中，列舉了佛教的一系列罪狀，其中最主要的是「蠹耗國風，誘惑人意」，「勞人力於土木之功，奪人利於金寶之飾」。他認為「寺宇招提，莫知紀極，皆雲構藻飾，僭擬宮居」，使得「物力凋瘵，風俗澆詐」，自己滅佛的主要目的是「懲千古之蠹源」，以「濟人利眾」。早在即位前，武宗就曾說過：「窮吾天下，佛也。」滅佛的結果，確有比較明顯的經濟效用，大批僧尼還俗，寺院奴婢編入稅戶，把寺院錢物收歸官府；銅鐵佛像鑄為錢幣與農具等。

滅佛的主要參預者是宰相李德裕，早在敬宗時他在浙西觀察使任內，就提出要限制佛教的發展。徐州節度王智興泗州置僧壇，很多江南人北渡落髮為僧，李德裕就提出要禁止這種做法。他提出如果不禁止，江南就會損失六十萬丁壯的租賦。當時連敬宗這樣昏庸的皇帝也看到了佛教在經濟上對政府造成的損失，「即日詔徐州罷之」。武宗滅佛後，李德裕對武宗的做法大加稱讚，認為武宗「獨發英斷，破逃亡之藪，皆列齊人；收高壤之田，盡歸王稅。正群生之在惑，返六合之澆風。出前聖之謨，為後王之法。巍巍功德，煥炳圖書。」佛教勢力的發展，必然影響政府的財政來源，武宗滅佛是佛教勢力日益膨脹的必然結果。武宗之前的皇帝之所以沒有滅佛，主要是矛盾的發展還不到最尖銳的程度。

不過也有人對這種說法提出不同的看法，他們認為佛教與朝廷的矛盾有唐一代始終存在，歷代反佛的士大夫很多，他們對佛教耗財蠹國的攻擊十分猛烈，卻從未受到帝王的重視，除武宗外，再也沒有一個皇帝廢佛，相反崇佛的君主卻是一個接著一個。唐武宗滅佛後，對道教極度崇信，曾舉行長達一百多天的道場，連續五個月修建宏偉壯麗的仙台，厚賜道士，從經濟角度看，唐武宗對佛教有清醒的態度，那麼他為什麼又馬上會沉溺於道教？

一種比較新穎的觀點認為唐武宗滅佛的根本原因是唐武宗與唐宣宗之間的權力鬥爭。宣宗是武宗的叔叔，他當時從宮中逃出之後，隱身於佛門，而武宗的滅佛，其實是為了查殺宣宗，毀滅他的棲身之所。

日僧圓仁武宗滅佛時恰好在中國，在他的《入唐求法巡禮行記》中有這樣一段記載：道士上奏武宗：「孔子說云：『李氏十八子昌運方盡，便有黑衣天子理國。』臣等竊唯黑衣者，是僧人也。」圓仁自己猜測說：「李氏十八子，為今上第十八代，恐李家運盡，便有黑衣奪位歟？」他認為武宗聽到了這段話後，從此「憎嫌僧尼」了。這是一條偽托孔子所說的讖語，是精心炮製出來的。武宗是唐代第十八個皇帝，而且「十八子」與「李」字相合，黑衣是當時僧尼突出的標誌。讖語向人們明白預告：唐武宗的祚運就要完結，佛門中將有人要登上天子的寶座。

佛門中的黑衣天子是誰？是武宗的叔叔唐宣宗。唐武宗上台後，對可能構成皇位威脅者進行迫害，唐宣宗被迫出遊為僧。武宗初時尚崇欽釋教，但在會昌元年六月突然改變了態度，於自己生日棒決入內齋與道士談經的僧人，這很可能是武宗這時得到了宣宗逃入佛門的消息，從而把佛教視為異己力量。會昌二年、三年，武宗屢次下令對寺院僧尼加以勘問盤查，大概是在對不知去向的宣宗進行搜捕追拿。在滅佛過程中，對僧尼進行了殘酷的、非理性的迫害與殺戮。武宗滅佛不久，宣宗即位，馬上大興佛教，其原因就在於佛門曾是宣宗的避難場所，而且又為隱藏宣宗付出了慘重的代價，宣宗興佛實有還願報恩的動機。

這種說法提出後，也遭到了一些人的反駁。他們認為宣宗隱身於佛門，其實是無稽之談。武宗在未做皇帝的時候就信奉道教，曾在開成五年秋召趙歸真等八十一人入禁中修道場，他並不是在會昌元年突然間的態度改變。會昌二年、三年對僧尼的勘問，根本不是對宣宗的搜捕，因為其時宣宗三十二歲，武宗只要對三十多歲的僧人查問就可以了，沒有必要興師動眾。會昌五年規定五十歲以下的僧尼全部還俗，後來外國僧尼也要還俗回國，為了查殺宣宗，至少所有的尼和外國僧是被冤枉了。即使宣宗隱身於僧中，僧還俗為民後，宣宗還可以隱身於民間，仍不能達到目的。「李氏十八子」這條讖語出自於道士之口，只能說明佛道間的矛盾，並不能說明武宗與宣宗之間的權力之爭。因為如果宣宗代替武宗，政權仍在李姓手裡，根本沒有必要「恐李家運盡」。以「黑衣」暗示佛教徒要改朝換代並非始於唐武宗，南北朝時曾經出現過。道士之所以散布這種讖語，不過是前人的故伎重演，並不是針對唐宣宗的。宣宗恢復佛教，也不是針對武宗本人的，而是崇佛者對反佛者抗爭的一次勝利。

唐武宗滅佛，對唐朝歷史和佛教的發展影響極大，促使他滅佛的根本原因，至今仍是一個有待於人們進一步探索的謎團。

大齊皇帝黃巢下落之謎

唐朝末年，曾經爆發過一場轟轟烈烈、聲勢浩大的農民起義，其領導人是黃巢。

西元八七四年，河南地區連年發生水旱災害，老百姓饑無食，凍無衣，到了「夫妻不相活，父子不相救」的境地，無奈之下大家只能揭竿而起。販賣私鹽出身的黃巢曾幾次應進士不第，內心早就有「沖天香陣透長安」的想法，見到這種形勢，遂舉旗起義。在他的帶領下，農民起義軍縱橫中原，轉戰南北，於西元八八〇年攻占長安，建立起了大齊農民政權，黃巢自稱皇帝，封妻為皇后。此後，義軍受到了唐朝各地武裝的包圍，雖然想盡辦法，但軍事上出現了節節敗退的局面，義軍得不到充足的供給，長安糧食嚴重不足，許多將士只能以樹皮野草充饑。

西元八八三年四月，唐王朝糾集的方鎮武裝從四面八方向長安發動進攻，黃巢力戰不勝，率義軍十五萬撤離長安。唐軍在後面緊追不捨，經過數十次大小戰鬥，義軍損失慘重，黃巢率殘兵敗將從河南撤到山東。西元八八四年六月，黃巢退至河南和山東交界處時僅有散兵千人不到。

對這樣一個幾乎已徹底推翻唐王朝統治的傑出人物，黃巢最後的結局，一千多年來一直引起人們的極大關注。黃巢究竟是被殺還是自殺，或者是逃脫後當了和尚，人們十分熱切地盼望學術界有一個明確的說法。然而直到今天，學術界的意見仍然無法統一，幾種說法都有事實依據，難以遽下一個定論，所以黃巢的最後下落仍然是個歷史之謎。

有一種看法認為黃巢是兵敗被殺的。這年的六月十五日，黃巢義軍被唐軍追至山東瑕丘（今山東兗州），黃巢與唐軍殊死激戰，手底下的士兵幾乎全部戰死，黃巢與其外甥林言退至泰山狼虎谷的襄王村。這時，林言見大勢已去，想保住自己的性命，乘機殺了黃巢及二弟黃鄴、黃揆等七人。林言拿了黃巢等人的首級打算向唐軍將領時溥獻功，在路上卻遇到了一支唐軍，他們殺了林言，將林言和黃巢等人的首級一併獻給時溥。根據這種說法，黃巢是兵敗被外甥殺死，資料的主要來源是《舊唐書》，今人的一些著作也採用這種說法。

第二種觀點認為黃巢是自殺而死的。宋代歐陽修《新唐書》說時溥派將領李師悅領兵萬人尾追義軍不捨，在瑕丘一戰，黃巢身邊人馬喪亡殆盡，退至狼虎谷。黃巢感到自己無路可走，遂對外甥林言說：「我本想討伐奸臣，洗滌朝廷，但現在看來已經不行了。你如果拿了我的首級獻給唐朝皇帝，一定能因為獎勵取得富貴，這個好處就不要留給他人了。」言畢，黃巢轉過身來等待林言動手，然林言實在下不了手。見林言沒有動靜，黃巢就舉劍自刎，但割了幾下並不成功。林言不忍心看到黃巢這樣痛苦，遂一刀將黃巢殺死，並將黃巢的幾個兄弟和妻子的首級一一割下，全部盛在盒子裡，打算獻給時溥。半路上碰到唐軍，林言自己也被殺身亡，至於好處，根本就沒有拿到。司馬光編《資治通鑑》時也看到了這類講法，但沒有直接採用，而是放在《考異》中。他看到的書叫《續寶運錄》，內容大致一樣，但黃巢外甥的名字成了朱彥。

黃巢是自殺而死的觀點，受到了當代一些學者的懷疑和否定。方積六先生在《黃巢起義考》一書中認為黃巢起義前後有十年，始終是英勇頑強地抗擊唐軍，即使到了局勢十分危急時，仍是率領義軍向當初起義的發源地山東地區撤退，企圖保存力量。說他在撤往以前根據地的途中突然改變主張，讓別人拿了他的頭去向敵人乞求富貴，是缺乏可信程度的。一些學者認為有關資料在談到追殺黃巢的唐軍首領時前後不一，殺死黃巢的外甥姓名也不盡相同，一會兒說他是時溥的將領，一會兒說他是黃巢的上將，極其混亂。至於殺死黃巢的時間、地點也出入較大，說黃巢是死在戰場，不管是被殺還是自殺，都有很多疑點。

第三種觀點是黃巢兵敗後遁逸為僧。這種說法主要以宋朝的野史、筆記小說為主要依據，認為義軍戰敗後，黃巢沒有死，而是虎口脫險，做了和尚，並得以善終。宋朝人王明清《揮麈後錄》轉錄五代王仁裕《洛城漫錄》說五代張全義為洛陽留守時，在一批僧人中看到了黃巢。又轉引宋初陶的《五代亂離紀》說黃巢逃跑後，剃髮當了和尚，曾經寫過一首詩：「三十年前草上飛，鐵衣著盡著僧衣。天津橋上無人識，獨倚危欄看落暉。」當時人認為後來黃巢住在明州雪竇寺，人稱雪竇禪師。雪竇寺有黃巢的墓，每年當地官府派人前去祭祀。邵博的《河南邵氏聞見後錄》卷十七中也談到了黃巢當和尚的事情。他說時溥獻給唐僖宗的那個黃巢頭是假的，東西二京的老年人都說其實黃巢沒有死，從泰山狼虎谷逃了出來，裝扮成僧人投奔到河南尹張全義處。張全義原是黃巢的舊部，這時假裝不認識，為黃巢造了南禪寺居住。邵博多次到洛陽南禪寺遊覽，見到牆壁上畫著一個僧人，狀貌與一般人相差不大，但兩眼像蛇眼一樣兇狠，這人就是黃巢。廟裡的老僧人對邵博說有黃巢以前寫的絹本十分稀奇，上面有黃巢的一首詩。據邵博記載，詩的內容與上面陶所記基本相同。黃巢逃脫後當了和尚，投奔張全義，或說後遷居明州雪竇寺，這樣的述說在吳曾《能改齋漫錄》、張端義《貴耳集》、羅大經《鶴林玉露》、周密《志雅堂雜鈔》等書中都有，被描繪得十分生動細緻，因而有許多人認為是值得信賴的。對此，宋代人也有不同意見，趙與時在《賓退錄》中指出，流傳的黃巢詩作，是後人取唐朝大詩人元稹的兩首《智度師》詩拼合而成的，屬於偽作，但他對黃巢遁逸為僧並未加以直接否定。

黃巢出家當了和尚的這種說法在今天的學術界也很有市場，一些人認為時溥送到四川給唐僖宗看的黃巢頭肯定是假的。林言殺黃巢後，先將頭送到徐州的時溥處，但狼虎谷到徐州要五、六百華里，快馬也要三天路程，而徐州至成都行在所，相距三、四千里，即使馬不停蹄，日夜兼程，也需二十天。當時是六月盛暑，放在盒子裡的首級恐怕早已腐臭不堪，唐僖宗怎麼能認得出?更何況黃巢兄弟六七人，難言其中沒有用長相差不多的頭顱進行替代。他們認為黃巢逃跑也有現實條件，圍剿義軍的唐軍之間相互矛盾重重，還不斷發生火拚。一些地方勢力為了要挾朝廷，在圍剿時真真假假，有時謊報軍情，有時圍而不剿，甚至有時還故意放走義軍，將義軍擊散了事。黃巢在幾次面臨滅頂之災時都能安然無恙，化險為夷，都與當時唐末軍閥之間、軍閥與朝廷之間的矛盾有關。即使到了義軍主力被殲後，對那些潛逃和躲藏起來的義軍將領，在軍閥割據的局面下，也根本不可能窮追猛打。

一些學者認為唐朝是一個佛教非常發達的時期，黃巢深受佛教思想的影響，他早就有遁入空門的思想根源。在韶州的南華寺，保存了黃巢於西元八七七年寫的《齋僧文》，自稱是率土大將軍。在安徽歙縣昭慶寺，也有黃巢的《齋僧疏》碑文，講到他打算舍銀六錠，齋一千僧人。當黃巢確信起義失敗無疑時，他的意志消沉了，甚至對他的過去表示懷疑，他就完全有可能選擇出家寺廟的這條道路，這是歷史給他的安排。在那些官修或欽定的史書中，是絕不敢直書黃巢遁逸逃脫之類的事情，他們對義軍總是極盡誹謗歪曲，為以儆後人，總要說義軍是被官軍追盡殺絕的。在當時有的人為了向唐王朝邀功請賞，虛報戰功，首級的真假根本是無法辨認的，即使說這些史書所記不誤，但誰能保證黃巢是真的死了？

黃巢究竟是被殺還是自殺，是死還是逃走當和尚了，至今還沒有一個能使人徹底相信的答案。前二種說法，大體一致，僅是被殺的細節上有差異，均見於比較嚴肅的歷史書上；後一種說法比較戲劇性，儘管記載的都是筆記小說，但數量很多，如王明清的書，歷來被認為是實錄，他自稱是「無一事無一字無所從來」，實在讓人不能視而不見。看來黃巢的下落，依然沒有謎底。

趙匡胤黃袍加身之謎

周世宗柴榮臨死前，因猜忌而罷免禁軍主帥張永德的殿前都點檢軍職，命趙匡胤接任，使他掌握了後周最重要的軍權。世宗死後，幼子柴宗訓即位，因年僅七歲，主少國疑，政局不穩。

顯德七年正月初一，鎮、定二州傳報北漢與契丹聯兵南侵，宰相范質、王溥決定派趙匡胤率軍前往抵禦。軍隊方始調動，京城開封即盛傳「策點檢為天子」的輿論，唯獨內廷晏然不知。正月初三，大軍出發，天黑前到達開封東北四十里的陳橋驛。當晚，趙匡胤酒醉就寢，其弟趙匡義和趙普等組織策動兵變。忠於趙匡胤的禁軍將領紛紛議論，說當今皇帝年幼，將士即使出死力破敵，又有誰知道。不如立點檢為天子，再北征也不遲。這些話，使將士中的兵變情緒漸漸高漲起來。趙普見事已成熟，要求諸將嚴禁士兵剽掠百姓，以安定都城人心，保證「興王易姓」順利進行。次日凌晨，眾將士手執兵器，來到趙匡胤的寢所，齊聲喊道：「諸將無主，願立太尉為皇帝。」並把象徵皇帝登基的黃袍披在趙匡胤身上，羅拜高呼萬歲。這就是眾多史書號稱的「陳橋兵變」。

趙匡胤一待黃袍加身，立即率大軍回師開封。他當眾宣布：回京師後，不得驚犯後周幼帝、太后，不得侵凌後周公卿大臣。兵變隊伍進城後，秋毫無犯，市井平靜。後周宰相、大臣聞變失色，個個手足無措。侍衛親軍馬步軍副指揮使韓通欲召集兵士抵抗，為兵變士兵殺死。宰相范質、王溥被抓到趙匡胤面前後，見勢不妙，只能相繼跪拜，口呼萬歲。

就這樣，趙匡胤輕易地奪取了後周政權，正式登上皇位，改封後周幼帝為鄭王，以宋為國號，定都開封。

長期以來，對陳橋兵變中的許多環節，後人提出了眾多疑問。司馬光《涑水記聞》說趙匡胤北征前，「京師喧言，出師之日，將策點檢為天子」，當時城中富戶一看時局要亂，慌忙帶了全家往外州跑，只是宮中不知道要發生兵變。如此，未兵變前早有人看出要發生兵變換朝代了。有學者指出，宋人筆記記載說，趙匡胤早年曾到高辛廟占卜，「自小校以上至節度使，一一擲之，皆不應」。於是自言自語說：「過此則為天子乎？」一擲即中。不論這事的真假，這則在宋朝廣泛流行的軼聞，正反映了趙匡胤一直有著當皇帝的野心。《宋史．杜太后傳》談到杜太后得知其子黃袍加身後，說：「吾兒素有大志，今果然。」還說：「吾兒生平奇異，人皆言當極貴，又何憂也。」哪有兒子發動兵變當上了皇帝，母親仍與人談笑自若的？北方戰事，為什麼黃袍加身後，不費一刀一槍，立即就太平了？鎮、定二州的軍情難道不是配合趙匡胤兵變而謊稱的？

民國初年，蔡東藩撰寫《宋史演義》時，也產生了許多懷疑。他認為陳橋兵變是趙匡胤一手策劃的：「陳橋兵變，黃袍加身，史家但言非宋祖意。吾謂是皆為宋祖所欺耳。」他也提出契丹和北漢的擾邊為何不見蹤影了？點檢作天子的謠言，是從哪裡來的？兵變的部隊中，哪裡來的黃袍？趙匡胤稱帝後，為什麼首先獎賞策劃兵變的功臣？他一針見血地說：「足見宋祖之處心積慮，固已有年」，「第借北征事瞞人耳目而已。」這樣的懷疑，在現在通行的一些著作中都能見到，一般都認為兵變是趙匡胤自己一手策劃的，契丹入侵是謊報。

近年來，又有一些歷史學家對這件疑案進一步探索，發現了更多的疑點。李裕民認為趙匡胤奪取政權是動足了一番腦筋的。當週世宗去世時，趙匡胤剛為殿前都點檢，雖有政變的實力，但反對勢力甚強，侍承親軍司都指揮使李重進是周太宗的外甥，副都指揮使韓通有勇寡謀，誓死效忠周室。潞州節度使李筠養兵三萬，步軍都指揮使袁彥是與趙匡胤為敵的一員虎將。恭帝即位一個月後，趙匡胤開始作政變準備。不久，他設法將袁彥調任為陝西節度使，李重進調任為淮南節度使，任命自己的密友高懷德、張令鐸為侍衛馬、步軍都指揮使，控制了首都軍隊的主要位置。顯德七年正月初一，鎮、定二州來報契丹人寇，朝廷命趙匡胤率兵出征，此時大權在握，可以發動兵變了，但沒有發動，原因是他對殿前副都點檢慕容延釗態度抓不準，萬一不同意兵變，事情就會變複雜。正月二日，趙匡胤命慕容延釗率前軍出發，自己為了不讓人懷疑，宣布將於次日出發。四日發生陳橋兵變，然後回城登殿做了皇帝，這時慕容延釗仍不知情，繼續一心一意向北進發。趙匡胤發動政變，其實是早就有預謀的。

美國學者劉子健認為陳橋兵變時趙匡胤在睡覺，醒來已是黃袍加身，那是宋代史料對他的美化，在黃袍上再加上了一件道德化合法化的外衣。關於兵變的主謀，清代學者認為是宋太宗和趙普，也有人認為是宋太祖，但從史料來看，太祖是主角，可是他不便自己活動。太宗是皇親國戚，到處聯絡，也不怕受人懷疑，他是主要的執行者。至於趙普，與軍隊的關係較淺，居於次要地位。

顧吉辰認為趙匡胤典掌禁兵後，在他幕下組成了以他弟弟光義、趙普、李處耘等人為核心的智囊團，同時又聚集了一批知兵善戰、老於兵事的領兵武將。在推翻後周政權的過程中，趙匡胤製造了許多政治謠言。如趙匡胤出發征契丹的那一天，號稱知天文的軍校苗訓，「見日下復有一日」，就說「此天命也」，意謂趙匡胤當皇帝是上天授命的。周世宗之前攻打契丹時，無意中發現木牌一塊，上面寫著「檢點做」三個大字，這無疑也是趙匡胤故意弄出來的。大軍臨出發北征時，趙匡胤製造京城內策立新天子的謠言，還透過道學家之口，散布「趙點檢作官家」的言論。契丹入侵，也是當時偽造出來的。後周末年的這場政治謠言，直接導致了趙宋王朝的順利建立。至於許多宋人筆記上談到的趙匡胤是真龍天子，是命中注定的言論，是後周這場謠言的繼續和延伸，為趙氏篡權製造合法合理的理論。

當然，也有一部人認為陳橋兵變是無疑可談的，應以史書記載為準。他們認為鎮、定二州的軍情不是謊報，在《宋史》、《續資治通鑑長編》等史書中全部可以找到。二州的節度使郭崇和孫行友不是趙氏集團的人，在宋初被解甲歸田，他們怎麼會編造假情報？契丹趁後周主少國亂之際起兵入寇，完全是有可能的。清代著名史學家趙翼認為五代時期的皇帝，常由軍士擁立，相沿以為故事，下凌上替，禍亂相尋，這樣的例子可以找出很多。

陳橋兵變導致的黃袍加身，是趙壓胤等人預謀的，還是偶然發生的，看來依然是個歷史之謎。許多人對這個問題仍十分感興趣，將會不斷地爭論下去。

宋太祖習武之謎

人們總認為，一個朝代的開國皇帝往往是武勇過人的，能親自躍上戰馬執鋭挽強、摧堅陷陣，如漢高祖劉邦、唐太宗李世民，事實也的確如此。但如要問在這些開國皇帝中，誰真的是武藝高強，有過人之處的，恐怕沒有人會想到竟然是宋太祖趙匡胤。武打小說、電影電視中描寫的一些明清帝王精通武術的故事，其實不足為據，至於一些以帝王命名的拳種套路，更是依託附會，戲說而已。

趙匡胤是河北涿州人，出身將官世家，武藝高強，膽識過人。他二十多歲時投靠郭威。郭威篡奪後漢政權時，他是積極的擁護者。後周建立後，他被迅速提拔起來，官至忠武軍節度使。此後，他跟隨周世宗南征北戰，破北漢軍，攻南唐，屢立奇功，升任殿前都點檢，成為禁軍的最高統帥。周世宗去世，他發動陳橋驛兵變，奪得政權。在他的一步步走向帝位的過程中，他的武功起了很大的作用，使他能團結一大批文臣武將，最後實現自己的目標。

趙匡胤的武功主要在拳、棍二個方面。趙匡胤的拳後代稱為太祖拳，在明代的一些武術兵書中有詳細介紹。明代抗倭名將戚繼光在《紀效新書》卷十四《拳經捷要篇》中說：「古今拳家，宋太祖有三十二長拳，又有六步拳、猴拳、化拳，名勢各有所稱，而實大同小異。」從這段話中看出，宋太祖最擅長的長拳有三十二種套路，此外他也精通六步拳等其它三種拳法。戚繼光的槍法老師唐順之說宋太祖的長拳套路中特別善於用腿，當時稱為趙家拳，由於實戰中很有效果，後代人認為是「神拳」。

宋太祖的長拳具體拳勢有哪些，其實到明代已大多失傳，但在戚繼光《拳經》中談到的「探馬勢」肯定是太祖長拳的一勢，而且很有可能是代表性的招式。《拳經》說：「探馬傳自太祖，諸勢可降可變。進攻退閃弱生強，接短拳之至善。」這種拳勢可能是在進攻過程中的防守招式，是應接對方短拳的最有效一招。唐順之說「凡打法行著多從探馬起」，即開打時首先用探馬勢，因為這是一個有著多種變化的招勢。戚繼光又說：「挪更拳法探馬均，打人一著命盡。」探馬勢和其它拳勢相結合，就能一拳致人於死地，毫無疑問它是長拳中的精華。一直到明代，有很多人仍在傳習太祖長拳，尤其是山東人情有獨鍾，江南學武藝的人也很感興趣。

宋太祖還擅長棍術，相傳有「一條桿棒打天下」的說法。明代小說《水滸傳》第一回中說太祖「一條桿棒等身齊，打四百座軍州都姓趙」。《水滸傳》的許多說法來自於南宋時人們的記錄，應該是有所依據的。如宋人蔡絛《鐵圍山叢談》曾談到太祖沒有發跡時，常手握一桿純鐵棒，功夫很深。鐵棒很重，而宋太祖臂力過人，時間一長，棒上還有手指痕跡。蔡絛是北宋末年蔡京的孫子，小時能有機會出入皇宮，還親自看到過這桿鐵棒，他的講法肯定是比較真實的。明人《飛龍傳》是專講宋太祖發跡的長篇章回小說，它的前身是宋人話本《飛龍記》，裡面也講到宋太祖善於用棍，打遍天下豪傑無敵手。

宋太祖的鐵棍揮舞起來很有講究，明代人稱為「騰蛇棒」，認為是棍棒中的第一等。從這個名字中可以看出，宋太祖舞鐵棍的速度極快，外行人看起來像飛動的蛇一樣扭過來扭過去。清代人說太祖棍法有三十六路，是棒法的開山祖，雖有言過其實的嫌疑，但宋太祖精於鐵棍，並且發展出了一定的套路應是可以肯定的。

宋太祖不但自己精於武藝，驍勇敢戰，而且還將拳棍武術傳習給手底下的士兵。宋朝人編的《宋朝事實類苑》說宋太祖訓練部隊有獨到的方法，他將武術灌輸給將士們，使士兵以比試武藝和角力鬥毆獲勝為榮，武藝高超的給予獎勵。他身邊聚集著數十位武林高手，個個身體健康強壯，每人同時能對付好幾個人，上下山坡像飛馬一樣快。這數十位高手都是他親自挑選的，平時他們與宋太祖相互切磋技藝，一起練功。宋太祖的拳棍可能就是透過這批人流傳到世間，越傳越廣。以宋太祖命名的拳、棍明清以來時有所見，在今天的河北、山東和東北的一些地區，仍有自成門派的太祖拳或以太祖命名的拳法，相傳民間的九龍棍、蟠龍棍等都與宋太祖有關，一些武術門派在舉行活動以前常會祭祀藝祖趙匡胤。

雖然我們今天還不知道宋太祖拳棍的具體套路，但不能否認宋太祖是歷代皇帝中精通武藝的第一人。

宋太祖趙匡胤離世之謎

宋太祖趙匡胤上台後，大刀闊斧，整頓軍隊，調整了行政機構，集中了財權，從而使中央集權進一步得到鞏固和加強。同時，他先後平定了南方的一些割據政權。正當他雄心勃勃，大展宏圖之際，做了十七年皇帝的趙匡胤卻於開寶九年十月二十日晚上突然離世，年僅五十歲。對於他的死，《宋史》等官方的記載十分簡單，不講是什麼原因。數十年後，民間的筆記小說開始談及宋太祖之死。由於談起這件事的筆記小說極為龐雜，不久就越描述越玄乎了。

北宋僧人文瑩的《湘山野錄》是最早談起的一本書。書中說：十月二十日這天晚上，天剛暗，星斗明燦，宋太祖滿心喜歡。不一會天氣突然起了變化，陰霾四起，雪雹驟降。宋太祖命人打開端門，將自己的弟弟開封府晉王趙光義召來。趙光義來後，太祖讓他進了寢宮，兩人酌酒對飲，太監、侍婢全部退下。只見燭影下的趙光義不時地在桌子旁站起來，好像一副不勝酒力的樣子。二人喝完酒，已是半夜三更，殿前的積雪已積到數寸。趙匡胤拿了斧頭刺雪，回過頭來還對趙光義說：「好做，好做。」之後太祖脫了衣服睡覺了，不一會鼻息如雷霆。當晚趙光義留宿在宮殿內。將近五更時，在宮殿周圍的人一點也沒有聽到什麼聲音，太祖已經駕崩了。當天趙光義在靈柩前即位。宣讀遺詔結束，近臣瞻仰宋太祖遺容，只見「玉色溫瑩，如出湯沐」。

很多人認為這條資料不是空穴來風，雖不能說字字準確，但也大致可信，所以習慣上將太祖死的過程稱之為「燭影斧聲」。

另外，司馬光的《涑水記聞》也記錄了宋太祖死時的一些情景，沒有說宋太宗是殺宋太祖的兇手，卻講到了太宗是怎樣篡位的：太祖剛死時，孝章宋皇后讓內侍都知王繼隆召太祖子秦王德芳。王繼隆知道宋太祖一直有想法要傳位給晉王，所以不到德芳的家裡，而親自一人直接來到晉王家裡。剛近晉王府，見醫官賈德玄坐在門口，問他為什麼來，德玄說：「昨夜二更時，有人到門口來叫我，說是晉王召。到門口一看，卻不見人影。我恐晉王有病，所以就趕來了。」王繼隆覺得很怪，就告訴他太祖已死。叫開門，兩人一塊見到了晉王。聽到宋太祖死的消息，晉王大吃一驚，猶豫再三，不敢前去，說：「讓我和家人商量一下。」跑進內屋後久久不出來。繼隆催促他說：「時間太久了皇位要為他人搶走的。」於是與晉王雪地裡步行至宮門。三人來到寢殿，宋皇后聽說繼隆回來了，問，德芳來了沒有，王繼隆回答說：「晉王至矣。」宋後見到晉王，愕然不知所措，連忙改口稱「官家」，還說：「我們母子的性命，全部托給官家了。」

李燾的《續資治通鑑長編》是研究宋代歷史的一本重要著作，綜合了上述這些書而錄人，使得「燭影斧聲」這個千古之謎更廣泛地流傳開來。

歷代很多人認為宋太祖死得太突然了，而且與這些故事的主角宋太宗趙光義有關。宋太祖之死，是宋太宗下毒手的結果。不過宋太宗是怎樣下毒手的，卻有各種不同講法。

有人認為是趙光義在酒中下了毒。《默記》捲上記載，宋太宗曾以牽機藥賜死李煜。《燼餘錄》說，孟昶和錢也是被宋太宗毒死的。酒中下毒是太宗的慣用手法，宋太宗與醫官程德玄的關係十分特別，可能是德玄用醫術幫助了宋太宗登上皇位。

有人根據《燼餘錄》甲編的記載，認為宋太宗調戲花蕊夫人而被宋太祖發現，一時性起殺了太祖。該書說：宋太宗平日裡在太祖面前多次稱讚花蕊夫人費氏很有才能。幾個月後，蜀主孟昶死。太祖很想看看費氏長得怎樣，就馬上召費氏入宮。由於費氏十分敏慧，宋太祖十分歡喜她，把她留在身邊長達十年之久。這天晚上，太祖因病臥床。到了半夜，太宗就叫他，見太祖不應，就乘機調戲費氏。太祖醒過來看到後，用玉斧砍趙光義，於是兩人扭打起來。等到皇后和太子來時，太祖已經奄奄一息了。趙光義砍傷太祖，感到十分羞愧，慌慌張張地回到自己的府第。第二天早上，宋太祖崩。有關專家認為，太宗戲妃直接導致了「燭影斧聲」的發生。宋太宗好色，這是眾所周知的事情，他曾經強搶過一個十來歲的小女孩，霸占了李煜的后妃小周後，還掠奪北漢嬪妃。

有學者認為調戲花蕊是偶然事件，太宗要殺死太祖的真實原因是二人之間權力分配不均。趙匡胤只知道防範大臣，卻放鬆了對弟弟的防範，致使他權力坐大，超過了皇族集團內部任何人，因此自然地引起趙光義早日登上龍位的慾望。二人在軍事、遷都方面主張都不一樣，矛盾激化的結果使趙光義最後決定乾脆一不做二不休。

一般人認為是宋太宗殺了宋太祖，但也有不同的意見，認為宋太祖並非死於暗殺，他的死與太宗無關。明清時期已經有許多人提出了「斧聲燭影」的事不可信，在抗日戰爭時期逝世的宋史專家張蔭麟撰文，也說太祖不是死於暗殺。另有人認為宋太宗殺宋太祖事實上不太可能，《湘山野錄》是一部筆記，出現已是數十年之後，最多只能說宋初有這樣的傳聞。

日本有個學者叫荒木敏一，他認為趙匡胤很愛喝酒，可能是得了高血壓腦溢血之類的急病，搶救不及，才一命嗚呼的。這個觀點遭到了一些人的反對，認為宋太祖的確是喜歡飲酒，但事實上他早在建隆二年就對近臣說：「沈湎於酒，何以為人？朕或因宴會至醉，經宿未嘗不悔也。」他對飲酒早已有所節制，所以不可能死於飲酒過度。

另有學者發現趙宋宗室有家族病，主要是由躁狂憂鬱症引起的暴亡、早亡、精神病，這些病都會遺傳。趙氏家族第一代趙匡胤五人，善終者只有太宗一人，其餘不是早亡就是暴卒。第二代太祖四子中，憂死和早亡各占一半，宋太宗九子，得盡天年的只有一人。趙氏一、二代共二十八人，其中夭死四人，一個年齡不詳，餘二十三人平均年齡只有四十一歲，比宋代上流社會平均六十二歲小得多。在《湘山野錄》等書中，作者毫無暗示太祖死得不明不白，到是後人在疑神疑鬼。而且當時夜宴在皇宮內進行，太祖召太宗進宮，太宗根本無法預作準備。宴會間左右不曾離人，太祖入睡時也無異狀，又有侍寢守護，說是太宗謀害簡直不可思議。趙匡胤的死因是遺傳性家族病，是由於躁狂憂鬱症愈後，又患了腦動脈破裂症，即通常說的腦溢血。史書中記載趙匡胤死前的許多情形，都是腦溢血的典型症狀。

趙太祖死於非命，這是許多人都能夠接受的，但到底是病死還是被殺死，目前仍然沒有確鑿無疑的證據可以使大家都加以信服。但就太宗在此後心安理得地登上帝位不是讓給太祖長子德昭，及此後將具有資格可能承襲皇位的皇族全部藉故翦除來看，太祖之死應該與太宗有關。《湘山野錄》上的記載多少有點吞吞吐吐，說明了早在宋代就有人開始疑神疑鬼了。自明代程敏政的《宋紀受終考》以來，特別是進入二十世紀時，研究此事的文章層出不窮，認為這一事件純屬篡弒性質，似已作為定論。至於案情的某些細節，卻因年代久遠，證人證物早已灰飛煙滅，根本不可能再作出確切的判斷，仍可稱之為千古之謎。

宋真宗即位之謎

宋太宗即位後，外界流傳著一種言論，即昭憲太后讓趙匡胤傳位給趙光義，還想讓趙光義傳位給他弟弟趙廷美，而廷美再傳位給太祖子燕懿王趙德昭。對這一種說法，宋太宗從一開始就認為是廷美指使人散布的，因此儘管礙於親兄弟的情面任廷美為開封尹，並進封秦王，表面上似尊寵，實際上是時時刻刻提防著他，隨時隨地想除掉他。趙普和宰相盧多遜的矛盾激化使得這一機會來臨了。

趙普暗中指使人奏告秦王廷美驕傲自大，密謀篡權。正好盧多遜手下的中書守當官趙白與廷美有些聯繫，深知太宗對廷美猜忌萬分的趙普緊緊抓住這一契機，想出了一個既能使太宗高興，又能將早就和他不協的盧多遜及其黨羽全部除掉的辦法。他以盧多遜和廷美相互串通搞陰謀為由將他們全部拘捕。

盧多遜進獄後，屈打成招，承認曾派趙白對廷美表白在皇帝死後，願全力事奉秦王，而廷美也說過希望皇帝早點駕崩，而且廷美與盧多遜還準備了許多武器，打算暴動。太宗下詔將盧多遜削奪官爵，流放到崖州，廷美拘禁在西京私第，趙普對這樣的處理仍不放心，斬草除根的道理使他決定還要痛下毒手。他讓開封府李符上言：「廷美不思悔過，怨言連天，希望將他遠徙他處，以防發動陰謀叛亂。」這個上奏正合太宗意思，馬上下詔降廷美為涪陵縣公，房州安置。廷美到達房州後，發現當地的知府、通判州事等官員都是趙普的人，日夜監視著他，遂憂悸成疾而卒，死時僅三十八歲。

太宗與趙普還不罷休，向大臣宣布廷美是乳母的私生子，根本不是皇弟。就這樣，他們把廷美徹底搞掉了。

宋太宗長子楚王趙元佐深得太宗喜愛，從某個角度說太宗除去廷美及太祖長子德昭原本就是為了他。想不到在遷廷美至涪陵這一問題上，趙元佐實在看不慣其父親兇殘的做法，全力營救自己的親叔叔，遭到太宗訓斥，結果與太宗產生不和。不久廷美死，元佐由於憂愁引發狂疾。雍熙二年重陽日內宴，宗室諸王均受太宗邀請赴宴，唯獨元佐不得參加。元佐喝得酩酊大醉，乘暮色放火焚燒宮殿。太宗命御史逮捕元佐，廢為庶人，幸宰相宋琪等人極力營救，才未被逐出京師。

當太宗未立太子時，馮拯等曾上疏勸太宗早立太子，結果被貶到嶺南荒遠地區，從此無人敢言立儲之事。寇準回京任參知政事，太宗主動問他在幾個兒子中誰可以立為太子，寇準巧妙回答：「陛下是為天下立太子，所以不應和近臣、宦官、婦人商量，只要選眾望所歸的人就可以了。」太宗進而問：「襄王可以嗎？」寇準答道：「知子莫若父，您既然以為可以，那就早點決斷吧！」於是淳化五年，太宗以第三子襄王元侃為開封尹，進封壽王。至道元年，立壽王為皇太子，改名恆，大赦天下。

長期以來，人們認為太宗不立太子，最主要的原因大概是他十分貪戀皇位。至道元年，太宗已五十八歲了，按當時的標準，可以算是高齡了。太子行禮，祭祀祖宗，京師百姓擁擠在道路上觀看。當見到太子時，人人很興奮地說：「真少年天子也。」太宗聽後十分不高興，召寇準說：「想不到人心馬上偏向太子，把我放到什麼地方去了？」這天總算幸運地還有妃子向他祝賀，太宗飲酒「極醉」，才算消怒。也就是說，太宗對於選定承繼他自己的兒子，也會產生忌妒。

立太子以後不到二年，太宗病重，宦官王繼恩暗中與參知政事李昌齡、知制誥胡旦等謀立楚王元佐。三月，太宗病逝，李皇后令王繼恩召宰相呂端商議。呂端知道事情複雜，就將王繼恩騙進書房，鎖在裡屋，並派人守住，自己直奔皇宮。李皇后見到呂端，說：「現在皇帝已經晏駕，必須馬上擁立新皇帝。一般而言，立嗣以年長的為先，可現在該如何辦？」呂端日：「先帝立太子，就是為了對付今天這樣的事情。現在先帝剛離開我們，難道我們可以馬上拋棄他的遺命而另立一套嗎？」於是，呂端便扶持皇太子恆至福寧殿即位，是為真宗。

真宗即位後，馬上將李昌齡貶為忠武軍司馬，王繼恩為右監門衛將軍，均州安置，胡旦除名長流潯州。

宋仁宗生母之謎

看過京戲《狸貓換太子》的人都熟悉這樣的一個情節：開封府尹包拯有一天外出巡察，行至途中，忽然一陣狂風將他的帽子吹落。包拯抬頭一看，天氣爽朗，為什麼怪風突起？心想這風來得如此蹊蹺，必有原因，就跟著帽子滾動的方嚮往前走。帽子被吹向了一座破窯，包拯緊追不捨。窯中住著一位雙目失明的老婦人，衣衫襤褸破舊，面黃肌瘦，但包拯從婦人的眼光中發現她並不是一個生活在社會底層的老百姓，很有大家貴婦風範。老婦人一看來的就是人稱「鐵面無私」的「包青天」，雙眼淚水止不住地往下流，一聲「包卿」，把思想準備不足的包拯叫懵了，因為哪有老百姓這樣叫當官的？

包拯仔細問過，才知這老婦人很有來歷，原來她就是當今天子宋仁宗的親生母親，也就是真宗皇帝的宸妃。由於當年她生下小皇子後，遭人陷害，不但將孩子抱走，還說是生下了一個怪胎妖孽，連自己的命也要保不住。多虧宮女們冒死相救，才逃出深宮，隱姓埋名一直到今天。一個當今皇上的母親，卻從沒享受過皇太后的一絲待遇，實在是可憐極了。包拯開始以為老婦人在說糊話，但當老婦人拿出當年真宗皇帝留給她的玉珮時，才知老婦並沒有瞎講。於是命人將她帶回開封，並想辦法讓她與仁宗見面，最後二人相認，當年陷害她的惡人受到了懲罰。

這個故事雖然是文學作品，虛構的比重很大，結局相當完滿，但這個故事的總體構架卻有許多是依據了歷史真實。歷史上的宋仁宗，早年並沒有認識到自己的親生母親其實是另有其人。那麼，仁宗的生母是誰？這又是一個歷史之謎嗎？

仁宗自小長大到被真宗立為太子，一直以為章獻劉皇后是自己的母親。從天禧四年開始，真宗疾病纏身，國家政務都在內宮裁決，這其中的許多奏章實際上是劉皇后代批的。宰相寇準見此情形，與一些大臣祕密商議請皇太子監國，其謀很快洩漏，寇準因此罷相。乾興元年，真宗死，仁宗即位，根據真宗遺詔，尊劉皇后為皇太后。因仁宗年幼，軍國重事一般都要由皇太后決斷處分。從此，仁宗與皇太后每五日一到承明殿上朝，仁宗在左，太后在右，垂簾聽政。

明道二年，皇太后病逝，是年六十五歲。同年仁宗親政。

說句實話，皇太后對仁宗的確關愛有加。聽政後，她時常命近臣名儒為仁宗講習經史，想盡一切辦法培養他的政治能力。一些諂諛小人一再力勸皇太后仿武則天故事，皇太后朗聲說：「我不想做這種對不起祖宗的事情。」宋朝的政權也就這樣一直在趙氏的手中。因此當太后死後，仁宗十分傷心，悲號痛哭，茶飯不香。這時，有人看不下去了，就悄悄地勸他說：「此非帝母，帝自有母。」只見仁宗突然止哭，目瞪口呆。

仁宗的生母據《宋史》記載，姓李，最初既不是皇后，也不是妃子，而是宋真宗劉德妃的侍女。她生得端莊，言語不多。劉德妃在郭皇后逝世後，被立為皇后，但一直沒有兒子，於是劉皇后將自己的李姓侍女推薦給真宗，沒有多少時間李氏就懷孕了。生下仁宗後，李氏進為才人，後來又進為婉儀。地位的升高對李婉儀來說並不算是好事，因為她失去了對兒子的所有權，還在襁褓中的仁宗被劉皇后抱走了，讓楊淑妃具體負責小孩子的養育，而李婉儀從此不能再接近孩子。仁宗被立為太子，接著又繼位成為天子，劉太后大權在握，李婉儀只能在後宮默默地與先朝眾嬪御一起，遙祝自己兒子生活幸福，卻不敢向任何人表露出一絲自己才是皇太后的意思，只能把對兒子的思念強忍在心裡。蒙在鼓裡的仁宗一直以為自己是劉太后生的，親切地稱呼她為大，稱自小把自己撫養大的楊淑妃為小。直到劉太后死，仁宗與她的感情一直很融洽。

明道元年，李婉儀病重，劉太后考慮到自己也即將走完人生，所以宣布李婉儀進位宸妃。不久宸妃病逝，享年僅四十六歲。起初劉太后準備用一般宮人的禮儀置辦喪事，但宰相呂夷簡提醒她應該從厚。因為二人交談時仁宗也在場，劉太后十分擔心，生怕仁宗會發現其中的祕密，遂將呂宰相叫到自己的簾下，輕聲地與他商量。太后怒道：「一個宮女死了，你提出要厚葬，是否想離間我們母子倆的關係？」呂夷簡不慌不忙地回答：「太后如果考慮到劉氏後代的因素，喪事就應該從厚。」呂夷簡的話提醒了劉太后：是啊，萬一日後仁宗得知自己的身世，想想喪禮如此草草了事，活著沒有沾到兒子的光，死了也沒有得到禮遇，一定會怨恨自己的，一生氣，說不定會遷怒我們劉家，於是馬上令人以一品之禮葬宸妃。呂夷簡是個政治經驗極為豐富的宰相，又密令經辦人員以皇后規格置辦服飾，用水銀寶棺。他對不能理解此事的經辦人員說：「不要日後說我沒有提醒過你們。」

如今劉太后剛死，當有人對仁宗說親生母親另有其人，仁宗一下子如何接受得了？仁宗聽到自己的身世如此複雜，生母生活如此痛苦，不由得埋頭慟哭，身體極為虛弱，連續幾天不視朝。之後又下哀痛之詔自責，尊宸妃為皇太后，謚章懿。他親自來到殯葬之處祭告，表達哀思。想想自己母親僅四十六歲就故世了，外面又傳言是被劉太后害死的，仁宗內心一橫就派兵包圍了劉氏府第。仁宗看著眾人將墳墓打開，運到奉先寺，開啟棺材，只見宸妃面色如生，冠服如皇太后制，並沒有鴆殺的痕跡，仁宗才知傳言並不準確；於是下令撤去劉府圍兵，在章獻劉太后靈前焚香泣告，從此更加崇敬劉太后。

知道自己母親後，仁宗一心想彌補生身之恩，遂對李氏家族十分關心，賜賚很厚。他多次擢升太后之弟李用和的官職，還將福康公主下嫁給李用和的兒子李瑋，他想用這種方式來補償對母親的愧疚。

仁宗終於知道了自己是誰的兒子，但這又有何用？活著的時候不能與母親相見，無論古人還是今人，這都是人生最大的遺憾。

宋光宗不執父喪之謎

西元一一八九年二月，宋孝宗以「年來稍覺倦勤」為由，內禪於第三子趙惇，自尊為至尊壽皇聖帝。趙惇即位，是為光宗，改元紹熙。光宗即位沒幾年，與孝宗的感情日益疏遠，猜忌日深。孝宗病危，群臣數請光宗詣重華宮問疾，光宗都未去問候。

紹熙五年六月，孝宗死，群臣請光宗主持喪禮，光宗聲稱自己身體有病，不肯主喪，以致國喪無法舉行。宰臣以為如此大事，皇帝不出場，恐怕會招致人情騷動，並受到中外譏諷，請高宗憲聖吳後垂簾聽政，吳後不允。於是請吳後降旨，以皇帝有疾，暫就宮中成服，由吳後攝行祭禮。

不久，葉適向丞相留正建議：皇帝稱疾不執喪，將何辭以謝天下？現今光宗之子嘉王趙擴已年長，如果讓他提前參決政事，則疑謗可釋。留正遂率宰執人奏，說應該早點立嘉王為儲君，以安人心，光宗不發聲音。六天後，留正又重上奏章，光宗批示「甚好」二字。次日，光宗將手詔交給留正，並說自己經歷的事情太多，想退居閒位。留正大懼，在朝廷內假裝身體不適跌倒在地，於是上表告老逃走了。

留正一走，人心更為浮動。恰逢光宗病情嚴重，朝見眾臣時僕倒於地，知樞密院事趙汝愚接受徐誼建議，透過韓胄奏明太皇太后（高宗吳后），請太皇太后下旨，逼光宗內禪。在徵得太皇太后同意後，韓侂胄等命殿帥郭杲連夜分兵包圍南北內，又派人密制黃袍做好逼光宗退位的準備。

第二天，趙汝愚率百官詣大行皇帝靈柩前，太皇太后垂簾。趙汝愚等上奏：「皇帝生病了不能執喪，臣等乞請立皇子嘉王為太子，以安人心。」又說：「皇帝因為生病，至今未能執喪，曾有御筆，自己想退居閒處。皇子嘉王擴可即皇帝位，尊皇帝為太上皇帝，皇后為太上皇后。」太皇太后看畢奏疏，說了聲很好，命趙汝愚以旨諭皇子即位，於是眾人扶皇子趙擴入素帷，穿上黃袍，正式即位，是為寧宗。

由於不肯親執父喪，導致自己丟掉了皇帝的位子，這在歷史上是罕見的。那麼到底是什麼原因使光宗不肯主喪？如果翻看《宋史》、《宋人軼事彙編》等史書，發現各書記載不一，莫衷一是。大體說來，有這樣幾種說法。

第一種觀點認為父子之間關係不睦是光宗不願主喪的原因所在。宋高宗在五十三歲時把皇位傳給孝宗，當時身體很好，直到八十一歲時才病死，而孝宗六十出頭了，還沒有仿照高宗的做法內禪皇位給光宗的意思。光宗當時已年過不惑，對此多少是有意見的，曾多次暗示孝宗該退位了。孝宗原來想把皇位傳給長子莊文太子，但不久莊文太子病死。孝宗悲痛之餘，數年內一直沒有選定儲君。直到西元一一七一年二月，在宰相虞允文等人的一再要求下，才正式立趙為太子。孝宗讓太子參決政事，想禪位給太子，但沒有公開說明自己的心思，結果一時引起許多大臣的誤會，他們擔心此舉會引起一國兩主、父子相爭的局面，因此紛紛上言諫阻。這使得趙惇認為孝宗之意在試探自己，一再表示辭謝，但內心很有想法。西元一一八九年即位後，皇后李氏要求將自己生的皇子嘉王趙擴立為太子，但孝宗不同意。李氏大為不滿，不斷在光宗面前進讒言，使光宗懷疑孝宗雖把皇位傳給自己，但仍存廢立之意，從此就不肯去見孝宗了。

光宗身體不適，孝宗十分擔心，一面讓御醫精心調治，一面遣人四出，尋購良藥，和成一大丸，想派人送至光宗宮中。這時有宦官從中挑撥說孝宗想把有毒的藥丸給光宗，想讓他當場服下，光宗聽說後，內心十分疑惑，更不願到重華宮去見父親了。光宗曾獨率嬪妃遊聚景園，臣下多有議論，認為高宗在世時，孝宗每次遊園，必恭請高宗同行，而光宗卻只顧獨自遊玩。光宗知道後極為惱怒，適逢孝宗命侍從宦官將一隻玉杯賜給光宗，光宗怒氣正盛，手握不穩，玉杯落地而碎。宦官回到重華宮對孝宗說，皇上一見到太上皇的玉杯，心中很不高興，將玉杯擲地摔破。孝宗心中十分悽慘，父子之間隔閡更重。

父子不和的情形，使滿朝文武官員十分擔心不安，認為這不僅有悖倫理，而且於社稷十分不利，因此多次上表勸諫。有的甚至叩頭流淚，苦苦陳諫。光宗迫不得已，到重華宮去了一次，但此後又一連半年不去見孝宗。有二百多位太學生竟然聯名上書，言辭懇切，要求父子和好，但根本不可能取得什麼效果。孝宗就是在這種不和諧的環境下鬱鬱不樂，怏怏離開人世。

第二種觀點認為光宗患有瘋病，所以無法主喪。光宗的李皇后生性驕悍忌妒，西元一一九一年見黃貴妃有寵，無法容忍，將黃貴妃殺害，謊稱是暴病而亡。當時光宗正在舉行祭天地禮，突然風雨大作，祭壇上的蠟燭全部被吹滅，祭禮無法舉行。光宗剛聽到貴妃的噩耗，又碰到這陰風森森的場面，震懼感疾，一下子口不能言，人也不認識了。此後張口囈言，人變得呆呆的，大病不癒，後宮背底里稱他為「瘋皇」，因此他根本無法去看望孝宗。不過這種觀點相信的人並不是很多。

第三種觀點最為大家接受，認為光宗皇后李鳳娘十分驕悍，光宗生性懦弱，受制於鳳娘，鳳娘不準他主喪。李鳳娘喜干涉政務，無事生非，孝宗在位時，屢為孝宗訓斥。光宗即位後，鳳娘自恣無忌，對高宗和孝宗十分不尊重，頗為傲慢。鳳娘性情妒悍，而且手段殘忍。一日光宗在宮中洗手時，發現一宮女手特別白，十分喜愛。過了幾天，鳳娘派人送一食盒給光宗，光宗打開一看，竟是該宮女的雙手。光宗寵幸黃貴妃，鳳娘惱怒之下將黃貴妃殺死，光宗一氣之下生病不視朝，政事多決於李鳳娘，於是她更加驕恣。

光宗病重，孝宗急忙過來探視，他見光宗神志不清地躺在床上，而鳳娘不知到哪裡去了，既憂且憤，急忙派人將鳳娘找來，厲聲訓斥道：「皇上生病事關宗廟社稷安危，你不盡力侍奉，弄得皇上成了這副樣子。如果皇上有個三長二短，我要誅殺你家九族。」幾天後，光宗病情好轉，鳳娘滿面流淚地哭訴道：「皇上龍體欠安，太上皇遷怒臣妾，幾乎想要誅滅妾族，我到底有什麼錯？」這樣一說，光宗對孝宗產生了看法，於是不願到重華宮問安了。

西元一一九三年的重陽節，百官祝賀畢，請光宗到重華宮去。大臣謝深甫說：「太上皇帝春秋已高，千秋萬歲之後，陛下何以見天下？」光宗想想大家講的十分有理，即下旨到重華宮去。剛想起身，李鳳娘跑出來說天氣很寒冷，皇上還不如回宮飲酒。一時百官面面相覷，不敢言語。比較大膽的中書舍人陳傅良上前拉住光宗的衣角，懇請光宗不要改變主意。李鳳娘大怒，一腳將陳傅良踢倒，惡恨恨地說：「一個酸秀才不怕砍了驢頭嗎？」光宗不敢發聲音，只能跟了鳳娘回後宮喝酒去了。

光宗軟弱又多病，不能自主，唯鳳娘之意是從，與孝宗的感情日漸疏遠。孝宗病重彌留之際，在上朝時，丞相留正與一班執政大臣懇請光宗到重華宮，光宗拂衣而起，不願多聽。留正等緊拉著光宗衣角不放，勸諫說：「壽皇病情已十分危急，現在如果不見一面，到時後悔也來不及了。」但光宗根本不理，只管自己回內宮去。過了兩天，光宗傳出旨意，命留正等人停職待罪，聽候處分。消息傳到重華宮，孝宗對光宗徹底失望，在為國家前途擔心中走完了一生。

皇帝不執父喪，這在中國歷史上並不多見，到底是什麼原因使他敢冒大不韙，最後連皇位也弄丟了，恐怕見仁見智，值得我們繼續玩味。

宋高宗趙構遷都東南之謎

靖康元年閏十一月，北宋首都汴京被金兵攻破，宋徽宗、宋欽宗和趙氏宗室、大臣三千餘人被擄，北宋滅亡。在這場動亂中，幾乎整個趙氏皇族都成為俘虜，只有哲宗廢后孟氏和正在相州的康王趙構倖免。

趙構是宋徽宗第九子，欽宗之弟，北宋末封為康王。開封被圍行將攻破之際，欽宗曾派人夜間將一道蠟丸密詔送至相州，命趙構為河北兵馬大元帥，星夜組織官兵前去救援，這時的趙構只能捧詔嗚咽，因為他實在無能為力。十二月初一，趙構在相州開設天下兵馬大元帥府，命附近州郡的宋朝將官，率軍赴大名會合。不久，大元帥府移至東平府。數月後，趙構已擁有八萬人馬。

這時，被金人立為偽楚皇帝的張邦昌由於受到宋朝官民的反對，自知眾怒難犯，遣使致書趙構，請他回京承繼宋朝大統。趙構身邊的人也勸他自立為帝，使趙構猶豫不決。之後，張邦昌再次派使前來，希望趙構即位。至此，趙構也有了重建朝廷的決心，並採納宗澤等人意見，在南京（今河南商丘）即位。

五月初一，二十一歲的兵馬大元帥趙構，登上南京的受命壇，即帝位，是為宋高宗，改元建炎。

不過，人在商丘，宋高宗的心卻時時刻刻想離開商丘，因為這裡實在離金人太近了。一方面，他以中興皇帝自居，曾下詔書，表示「朕與群臣將士，獨留中原」，擴召軍馬，為萬方百姓請命於皇天，俟時機成熟，便「歸宅故都，迎還二聖」，內心則畏亂如虎，從未有意在南京永久建都，一直想往東南轉移。

七月間，高宗手詔，謂京師不能回去，當巡幸東南。詔書一出，朝廷上下，議論紛紛，文武群臣，齊獻方案。李綱面奏高宗，認為定都是國家大計，還都開封是上策。此外還可建三都：西都長安，南都襄陽，東都建康。由於高宗自己還舉棋不定，大臣們的議論也就擱一邊去了。次月，高宗再次要求大臣討論遷都東南的問題。許多大臣一眼看出了高宗的真實想法，馬上上書表示支持。有人認為建康是東南要會之地，本就是一個古都，前據大江，可以固守，東南久安，財力富盛。李綱力爭遷都開封，被高宗罷去相職。至此，也就沒有人再敢反對到東南了。討論了幾天，同意遷都東南的人越來越多。高宗一看，心中十分高興，馬上決定遷都。這時有消息說金兵又將繼續南下，高宗也不問是否屬實，立即棄城而走。

這年十月，高宗一行沿運河來到揚州。在北方，中原人民抗金戰爭風起雲湧，宗澤先後送上二十四次奏疏，懇請高宗還都開封，率領民眾收復中原，但高宗均置之不理。他與一幫寵臣們沉醉於偷安歲月、醉生夢死的生活中。

西元一一二八年底，金軍大舉南攻，向江淮地區進犯。高宗原想在揚州喘一口氣，再渡江「巡幸」，誰知不到一年，金兵的先頭部隊已奔襲至揚州，速度之快令高宗難以想像。建炎三年二月，高宗倉卒過江，逃到鎮江。由於鎮江和建康與前線只一江之隔，還是不太安全，於是再次召開會議與眾大臣商議巡幸計劃。這次討論，高宗直截了當自己提出方案，問眾人遷到浙中如何。呂頤浩及眾大臣認為應該留在建康，只有王淵說還是到杭州為好，有錢塘重江之阻。王淵的觀點接受的人很少，但正合高宗心意，於是當即決定馬上開赴杭州。

途經平江府時，高宗召見了集英殿修撰衛膚敏。衛一開始並不知道高宗本意，就說：「餘杭地狹人稠密，區區一隅，終非可都之地。自古帝王從未將杭州作為首都的，只有吳越錢氏，但他當時是沒有辦法的事。如今陛下巡幸至此，還想定居下來，這個地方深遠狹隘，想來號令四方，恢復中原，恐怕是很難的。」當他一看高宗臉色不對，知道自己的一番話講反了，馬上話鋒一轉說：「但當今之計，莫若暫圖少安於錢塘，慢慢地再到建康。」幾句補充，高宗表示可以接受，不同意到杭州的大臣們也得到了安撫。遷都杭州的事情也就沒有人再提出反對意見了。

高宗逃到杭州後，南宋朝廷一片混亂，將官苗傅、劉正彥趁機發動兵變，逼迫高宗退位。這次兵變雖然不久即告失敗，但它使高宗認識到，若再不在表面上作一些改弦更張的抗金姿態，自己的統治就無法維持下去。為此，他下詔承認自己舉措有誤，並將行都北移到建康，表示要同金兵戰鬥到底。在建康，他不斷派人和金帥求和，哀嘆自己由北方逃到南方，「所行益窮，所投益狹」。西元一一二九年，金軍南侵，越過長江，高宗只好帶著他的小朝廷繼續南逃，由建康再退到杭州，又經越州、明州，最後乘船下海，亡命溫州、台州一帶海上。金兵北撤後，高宗由溫州回到越州，心有餘悸，唯恐金兵再次渡江。二年後，在確信金兵無意南下的情況下，回到杭州。當時有不少人提出要設都建康，認為建康自六朝為帝王都，氣象雄偉，且據都可以經理中原。然高宗根本不再想到建康去了，又是修宮室，又是建宗廟。

一些專家認為，金兵處處主動進擊，宋軍時時被動防守，這是當時戰局總的態勢。金兵隨時可能發動進攻，而建康靠近前線，不如杭州地處後方，比較安全。浙江一帶水網地區，不利於金兵騎兵的活動。趙構曾說：「朕以為金人所恃都騎眾耳，浙西水鄉，騎雖眾不能騁也。」貪生怕死表現得十分清晰。此外，杭州本身的經濟、文化發展也造就了作為一國之都的條件。

金朝海陵王完顏亮殘忍嗜殺之謎

金朝歷史上，海陵王完顏亮是一位很有影響的君主。《二十四史》之一的《金史》說他是「天下後世稱無道主以海陵為首」，把他說成是個一塌糊塗的殘酷君主。清朝有個叫趙翼的著名史學家說完顏亮「兼齊文宣、隋煬帝之惡而過之」。齊文宣是北齊開國皇帝高洋，以好殺淫亂出名；隋煬帝是隋朝的第二個皇帝，一生窮奢極欲，最後將好端端的隋王朝斷送給唐高祖李淵。到了近代，一些人對他的看法來了個徹底改變，有人說他功勞超過了金太祖完顏阿骨打，是個傑出的改革家；有人還將他與秦始皇、唐太宗相比較，說他「英銳有大志」。這種走向兩個極端的評價，究其原因，其實是歷史學家們各取所需得出的，因為完顏亮這個人按照今天的眼光來看是個多面性的人物。他一方面透過政治經濟改革，建立起了強有力的中央集權制度，另一方面他荒淫無度，殘忍嗜殺，導致了自己最後的失敗。在眾多的事件中，完顏亮的弒君篡立和殺母，一直為後人所注意，但大家的看法完全不一致。

完顏亮的上台即位，是透過弒君來實現的。

西元一一一五年正月，金朝開國。金太祖完顏阿骨打滅掉遼國，又攻占開封，宋徽宗父子被俘。當南宋建立時，金朝擁有東起淮水、西至秦嶺的北方之地。西元一一三五年金太宗完顏晟病死，太祖的長孫、完顏宗峻的遺孤、剛滿十五歲的完顏繼位，是為金熙宗。其時宗室權貴爭權奪利，發生兩次大火並，許多人死於非命。第一次是吳十謀反，包括金太宗子宋國王完顏宗磐在內的許多宗室伏誅。第二次是左丞相完顏希尹等人謀反，又死了很多人。之後，金太宗的子孫們，以為完顏宗磐復仇為名，蠢蠢欲動，新的動亂爆發在即。面對宗室大臣暗中舉動，金熙宗大傷腦筋，只好借酒澆愁。末年，他精神失常，酗酒妄殺，誅戕忠良，不理政事，偌大的金朝岌岌可危。

完顏亮是阿骨打的孫子，完顏宗干的次子。生母大氏，由於不是女真人，為渤海皇室的後裔，而且還是個妃子，在宗干諸妻妾中常遭歧視，受到宗干正妻徒單後的箝制，大氏每日都是小心翼翼。完顏亮十八歲時到軍隊中任職，官為驃騎上將軍。但第二年完顏宗干突然病死，沒有了在朝中極有權勢的父親，完顏亮頓時失去了依靠，此後只能靠自己一步步地往上爬。幾年中，他由中京留守升至左丞相、太保兼都元帥。到了這樣高的地位後，完顏亮就經常在想，熙宗是太祖嫡孫，嗣為皇帝，自己是太祖長子的後代，同樣是有資格繼承皇位的。之後，他在中京樹立自己的威望，為奪權作準備。猛安蕭裕經常與完顏亮議論天下大事，揣知他有野心，便鼓勵其策劃政變。

西元一一四九年正月，熙宗遣宮中寢殿近侍大興國送完顏亮生日禮物，悼平皇后也附賜禮物，熙宗知道後大怒，派人鞭打大興國，奪回所賜禮物。完顏亮由此不自安，疑心日增，產生了殺害熙宗的企圖。冬十二月，完顏亮會同左丞相唐括辯及僕散師恭、徒單阿里出虎、完顏秉德等人，經過周密策劃，並用犀帶及自己所乘的「照夜白馬」的高價，收買了大興國。大興國掌管寢殿符鑰，因無罪受杖責而怨恨熙宗，他與完顏亮約定，十二月初九夜行事。這天深夜，護衛長僕散忽士和徒單阿里出虎當值，大興國矯詔開宮門，放完顏亮等眾人入寢宮，僕散忽士和徒單阿里出虎舉刀便刺還睡在床上的熙宗，熙宗滾倒地上，完顏亮上前再刺一刀，熙宗當即死去。眾人連夜讓完顏亮坐到皇帝寶座上去，行君臣之禮，山呼萬歲。這樣金朝第四個皇帝就上台了。完顏亮還立即假傳熙宗詔旨，騙殺了曹國王完顏宗敏、左丞相完顏宗賢。

問題是這樣的弒君自立，事實比較清楚，後人是否應該認可？有人認為在中國古代歷史上殺死無道國君，向來是被接受的。金熙宗後期皇后干政，不立太子，自己又縱酒放肆，神經兮兮，已失去了治理朝政的起碼條件，這種「弒君篡立」是無可責難的。完顏亮是在被熙宗十分猜忌、個人命運朝不保夕以及金王朝處於風雨飄搖的形勢下，鋌而走險，奪取皇位的。不過也有人提出異議，認為完顏亮在熙宗即位之時就懷有覬覦之心，他的胸中一直充斥著權力慾望，他的弒君是蓄謀已久的而不是被迫的，更不是為了挽救金朝統治的壯舉。此外還有人認為完顏亮弒君是改革派內部的權力之爭。金熙宗和完顏亮是女真族的改革派，完顏亮想取代金熙宗為皇帝是蓄謀已久的，是改革派內部爭奪帝位的鬥爭。究為如何，看來已經很難說得清了，只能留待歷史學家們去爭論了。

完顏亮上台後，掌握了生殺大權，為排斥異己勢力，鞏固自己的統治，大殺宗室中反對自己的女真貴族，順我者昌，逆我者亡。金熙宗時，對宗室實行比較優厚的政策，金太宗的兒子們都有自己較大的勢力。等到完顏亮上台時，太宗的兒子在河朔、山東、真定等地任職，占據著要衝之地，如果一旦有變，後果不堪設想。於是完顏亮在上台後的第二年就向太宗一系子孫開刀，完顏卞、完顏宗哲、完顏京、完顏宗雅、完顏宗義等太宗子孫被殺的有七十餘人，太宗後代全部死絕。出於同一目的，久握重兵在外的宿將老臣完顏撒離喝也被殺。此後，他又藉故把宗室完顏宗本、完顏宗美、完顏宗懿、完顏秉德等人盡行誅殺，遂使宗翰子孫三十餘人、斜也子孫百餘人、謀裡也子孫二十餘人等眾多宗室大臣滿門除絕。

完顏亮不但殺宗室大臣，而且還把他的嫡母徒單氏也殺了。徒單氏是宗干的嫡妻，完顏亮的生母大氏是妾，在平時的生活中就得看徒單氏的眼色行事，大氏「事之甚謹，相得甚歡」，透過小心謹慎，來換得表面上的平等關係。對此，完顏亮看得十分清楚，對徒單氏耿耿於懷。西元一一六一年完顏亮要調集大軍伐宋，徒單太后竭力反對。想想年少時就受其氣，完顏亮脫口就罵：「非朕母，乃梁宋國王之小妻也。」接著派遣大懷忠、習失、高福等人將太后殺戮於寧德宮，並將太后侍婢十餘人一併滅口。殺死了太后還覺得不過癮，又投其骨於水，跡近瘋狂的地步。

完顏亮曾經說過自己平生的志向有三條，其中的第三條是「得天下絕色而妻之」。完顏亮特別喜歡女色，他藉口要「廣嗣續」，為自己大設嬪御，將大批美女納入內宮。他把人誣殺之後，見到妻女有漂亮的就想占有，不論這個人與自己有沒有血緣關係。就這樣，一些與他是中表親與叔伯姐妹的女人先後被他占有，如宗望女壽寧縣主什古、宗弼女靜樂縣主蒲剌及習燃、宗雋女師姑兒等等，猶以為不足，他連兄弟之女也要位充下陳。這些女人大半是有夫之婦，完顏亮淫慾一起，就殺其夫而奪之。

那麼完顏亮到底為什麼要殺母殺宗室、納姐妹？有人認為是改革派在殺保守派，是改革的需要。宗室保守派是以徒單氏為總代表，當她一對改革阻攔時，「母子」關係就無法維持了。也有人認為殺母和殺宗室，其實是統治集團內部的爭權奪利，互相傾軋。有人認為這不存在保守和改革的問題，完全是排除異己勢力的一種做法。完顏亮廣納堂表姐妹，有人認為北方少數民族一直有妻後母及寡嫂的接續婚制習俗，女真族也不例外，這不值得大驚小怪。至於把貴族家屬納入後宮，完全是為了防止她們有反抗活動。也有人認為完顏亮酷愛女色，像禽獸一樣，違反了女真族處於原始野蠻階段的祖傳習俗。

看來，完顏亮的弒君殺母，是殘忍暴虐，還是有種種政治和社會原因，仍是留給後人一個不小的謎團。

成吉思汗陵墓之謎

十三世紀的百餘年間，中國和世界歷史的主角是蒙古族。蒙古族由於出了一個偉大的英雄人物鐵木真，一度使全世界對其瞠目而視。數以萬計的蒙古騎兵縱橫馳騁於亞歐大陸，建立了歷史上空前規模的蒙古大帝國，促進了世界性的政治經濟和文化交流。

統一了蒙古族的鐵木真，被蒙古人尊奉為「成吉思汗」，意為至高無上的君主。鐵木真的孫子忽必烈後來在中國建立了元朝，被稱為元太祖。

照漢人的禮儀，這樣的偉大人物，死後必定要建規模龐大的帝陵，既要讓死去的皇帝過上與活著的時候同樣闊綽的生活，又要向後人顯示皇家的威嚴。但蒙古皇帝卻不這樣，不但是成吉思汗的陵墓不知道在哪裡，就連忽必烈以下各位元朝皇帝的陵墓今天也沒有找到。按蒙古習俗，蒙古皇帝死後，一律實行祕密安葬。《元史》云：「國制不起墳壟。葬畢，以萬馬蹂之使平，彌望平衍，人莫知也。」埋葬皇帝的地方，派群馬一踏，如平地一般，時間一長，青草樹木一片綠油油，就誰也不知道了。

成吉思汗像也許有人會說，在今內蒙古鄂爾多斯高原的伊克昭盟伊金霍洛旗，不就有座成吉思汗陵墓嗎？其實，這是座後來建造的象徵性陵寢。這座規模宏大、款式別緻的蒙古式宮殿，其主體是一座仿元朝城樓式的門庭和三個相互連通的蒙古包式的大殿，正殿的八角飛檐下寫著「成吉思汗陵園」蒙漢文金色大字。在正殿的中央，一尊高五公尺神態威嚴的成吉思汗漢白玉雕像令人肅然起敬。後殿內，分別供奉著成吉思汗和大皇后孛兒帖和另兩位皇后以及兩位胞弟的靈柩。東殿內供奉著成吉思汗的第四子，也就是元世祖忽必烈的父母（拖雷夫婦）的靈柩，西殿陳列著表現成吉思汗文治武功業績的戰刀、馬鞍等。這樣的一座陵園，為什麼不是成吉思汗真正的陵墓？

西元一二二七年八月，成吉思汗率軍進攻西夏，回師途中病逝於六盤山清水的行宮裡。之後，他的遺體被運回蒙古大本營安葬。

葬在哪裡？《元史》說葬在起輦谷，但沒有其他情節和過程。《多桑蒙古史》說葬在斡難、怯綠連、禿剌三水發源之不兒罕．合勒敦諸山的一座山中。拉施特《史集》對成吉思汗死後的情況記敘頗為詳細。該書談到成吉思汗死後，大臣們祕不發喪，在抵達斡耳之前，將一路上遇到的人畜全部殺死。蒙古有一座名叫不兒罕．合勒敦的大山，成吉思汗曾在那裡選定了自己的墳墓。在這座大山中，流出九條河流。山南中部是怯綠連，東面是斡難，東北是乞列克禿，正北是乞兒合出和赤若，西北是合剌忽，西南居中是哈剌和不剌赤禿，西南是土剌。有一次成吉思汗出去打獵，有個地方長著一棵孤樹。他在樹旁下了馬，心情喜悅，說：「這個地方做我的墓地倒挺合適。在這裡做個記號吧。」舉哀時，諸王和大臣就按照他的命令選擇了那個地方。如今那裡森林茂密，成吉思汗陵最初那棵樹和他的埋葬地已經辨認不出了。按該書，葬地確在合勒敦山的一處谷地裡。

一本叫《草木子》的書是這樣記的：蒙古皇帝死後，用兩片木，將中間鑿空，如人體形狀，然後將遺體放入，上面塗漆，用三圈金繩綁住，送到克魯倫河與土拉河上游的肯特山中，再挖一個坑埋入。這與漢族皇帝用棺槨和殉葬品完全不一樣。葬畢，使萬馬蹂踏，使泥土平整。再在上面殺死一頭小駱駝，周圍布置千餘騎兵守護。第二年春天草一長，騎兵就移帳撤去。如果想祭祠，根據所殺小駱駝的母親作為嚮導，看到老駱駝躑躅悲鳴的地方，就知是葬皇帝的地方。

《蒙古源流》載，成吉思汗葬後，因為不能再請出金身，但為了便於祭祠，在葬地附近的高地上建了八白室，即八座白色的氈帳，地點相當於今阿爾泰山和肯特山一帶的蒙古高原上。明英宗天順年間，鄂爾多斯守陵部眾進駐河套地區，八白室也隨之遷來。清初在鄂爾多斯高原設立伊克昭盟，八白室就移到伊克昭附近，後來又移至今伊金霍洛旗，至今已有三百多年歷史了。如此，說今天的成吉思汗陵是假的，的確是沒有錯的。

成吉思汗陵墓之謎

綜合今天各種史料，我們可以推測成吉思汗被葬在三河水源的不兒罕諸山之一谷——起輦谷中，但具體的葬地由於當時的保密做法，至今還無法找到，仍然是個歷史之謎。

成吉思汗以下的各繼位者，死後安葬的地點也是十分祕密。如西元一二九四年忽必烈病逝於大都，也葬到起輦谷中。具體方位，很難搞清。後代的《歷代陵寢備考》說：「起輦谷在漠北，元諸帝皆從葬於此，不加築為陵，無陵名。」這樣看來，整個元朝的皇帝都沒有陵寢，後人至今仍無法找到。

元太宗蒙哥即位之謎

蒙古國的開創者成吉思汗憑藉其軍事才能，建立了一個規模空前橫跨整個亞洲的大國。到了晚年，他對自己繼承人的問題開始有所考慮。他有四個隨他一起東征西討、驍勇無比的兒子，即術赤、察合台、窩闊台和拖雷。不過四個兒子中，他比較欣賞的是三子窩闊台，覺得窩闊台是個比較合適的汗位繼承人。

蒙古人選取接班人，按照慣例是幼子繼承法，但成吉思汗廢除了這一規定，選擇誰做接班人由自己說了算。不過新大汗要正式上台，必須在宗親諸王參加的忽里勒台大會上透過。西元一二二七年，成吉思汗病重，他將四個兒子召到跟前，正式提出讓窩闊台接汗位，其他兒子要團結一致，互相協助。

其實眾兒子私底下早就在打汗位的主意了，汗位每個人都想要，但靠一個人的力量是不夠的，所以兄弟之間已分化組合了。二子察合台和窩闊台關係較好，長子術赤一看情形不妙，就和四子拖雷捲在了一起，兄弟四人分成了二派。術赤的生母曾被篾兒乞部落俘擄過，返回途中生下了術赤，因而二個弟弟就對他橫豎看不入眼，認為與他是同母異父。拖雷對大哥很尊重，二人就自然而然地走到了一起。

成吉思汗生前儘管已決定把汗位傳給窩闊台，但最喜歡的是拖雷，出征時常帶了拖雷在身旁，對他寵愛有加，家裡的珍寶財物也全都交給他打理。看到拖雷很有軍事才能，成吉思汗又把徵集的軍隊交給他管理，蒙古國大部分的軍隊在拖雷控制之中。

照理，窩闊台接位的事情應儘早放到忽里勒台會議上討論，但濃重的矛盾使得這個會議在二年後才得以召開，蒙古的汗位空缺了兩年，由掌握實權的拖雷攝政。總算這個會議召開了，但可以預料的是發生了激烈的爭論，會議開了三十五天也沒有結論，窩闊台的對手毫無疑問是攝政了兩年不肯交出實權的拖雷。會上有人提出要按蒙古的舊例讓幼子繼位，否定成吉思汗的選擇，也有人提出還是遵照遺詔讓窩闊台即位。這時術赤已病死，拖雷是鬥不過察合台和窩闊台二人聯手的，看看自己勢孤力單，最後只得採取退讓的策略，表示支持窩闊台。

元太宗窩闊台上台，使得汗位的爭奪一度平息。可是，這樣的結局在術赤和拖雷兩系的族人中留下了不滿情緒，為以後的汗位之爭埋下了隱患。

窩闊台繼汗位四年後，拖雷就死了，死因說法不一。有說飲酒過度，有說得了急病，另有一種比較可靠的說法是，他喝了願替窩闊台去死的咒水。西元一二三三年窩闊台親率大軍攻金，拖雷指揮右路軍取得了重大勝利。部隊回師時窩闊台得了重病，拖雷侍兄於榻前。蒙古人深信巫術，找來巫師唸咒文。巫師說，把窩闊台的病滌除在木杯之中，病就能除去。如果有人把這杯水喝下去，就能代替太宗去死。此時，拖雷為了愛護兄長，便端起杯子喊道：「洪福的父親內定了我兄弟做皇帝，如今如果失去了皇帝哥哥，這麼多的百姓誰來管理？這會使金人很開心的。上天啊，饒了我的哥哥吧，讓我喝了這杯水去替他見你吧！」說罷，將咒水一飲而盡。窩闊台病好了，拖雷告辭啟程，幾天後就死去了。很多人認為很明顯在這杯咒水中窩闊台是做了手腳的，毒死了拖雷。因為拖雷很有軍事才能，他的存在就是對自己的威脅，而且這樣做也可以把汗位保持在自己一系下。

窩闊台因飲酒過度，僅在位十三年就死了，不久察合台也亡故。窩闊台死後，由皇后脫列哥那哈敦監國。這位頗有權術的皇后目光短淺，心胸狹隘，斥賢崇奸，弄得內外離心。西元一二四六年秋天，她召集諸王舉行忽里勒台大會，讓自己的兒子貴由接承了汗位。

元軍的甲胄長輩之間的仇恨，也傳到了後代的身上。術赤兒子拔都不肯出席忽里勒台大會，上台後的貴由仇恨萬分。西元一二四六年貴由即位後，馬上發動戰爭想消滅拔都。貴由患有慢性病，這時藉口他的舊營霍真地區氣候很適宜他的身體，遂發軍前往。當貴由大軍接近拔都所在地葉密立時，拔都感到事態嚴重，坐立不安。拖雷妻原與拔都友善，得知定宗貴由的真實意圖，迅速派人通知拔都。拔都遂打出迎接大汗的旗號，發軍東進。兩軍相近，貴由突然死去。什麼原因，或說是貴由被拔都害死的，或說是飲酒鬥毆而死，至今仍是在個疑案。

貴由死後，貴由妻斡兀立海迷失監國，欲立窩闊台之孫失烈門為汗，理由是窩闊台當初曾有遺詔想立失烈門。

拖雷妻唆魯禾帖尼很有才幹，四個兒子蒙哥、忽必烈、旭烈兀、阿里木哥個個能征善戰。在與拔都聯手後，她想立自己的兒子蒙哥為汗。她很有人緣，各方面的關係處理得十分妥當。拔都是這一輩中的兄長，遂召集諸王選新汗。西元一二五一年六月，忽里勒台大會召開，貴由子腦忽、忽察和失烈門等人故意遲到。會上拔都、蒙哥等人提出太宗遺詔早就應該遵行，但太宗窩闊台係為什麼以前要立定宗貴由？海迷失啞口無言。討論到最後，拔都說：「擁蒙哥登基，膽敢違反者斬。」於是將蒙哥推上了汗位。七月，蒙哥舉行了登基大典，這樣汗位從窩闊台系轉了過來。

憲宗蒙哥上台，對窩闊台和察合台的後裔放不下心來，感到危脅隨時存在。不久有人告密，說窩闊台和察合台的後代諸王要陰謀武裝叛亂。是否真有其事，是個歷史之謎，但蒙哥寧願認為這是真的，於是馬上下詔賜死海迷失及失烈門母哈特合赤，謫遷失烈門到沒脫赤，殺叛將七十多人，流放想叛亂的諸親王，鞏固了自己的汗位。

為了爭奪汗位，兄弟之間互相擠壓殘殺，這無論如何是成吉思汗所不願看到的。

元憲宗蒙哥死因之謎

元憲宗蒙哥，以善戰驍勇著名。西元一二五一年，在拔都的幫助下，蒙哥繼承了大汗，結束了蒙古自貴由後三年無君的局面。上台不久，他讓皇弟忽必烈總軍南侵。次年蒙古將汪德臣、火魯赤率大軍再次犯蜀，進逼嘉定，間斷了六年之久的戰火重新燃起。西元一二五八年，蒙古在遠征雲南、吐蕃、西南夷成功後，意欲亡宋。蒙哥命忽必烈進兵鄂州，塔察兒進兵荊山，兀良哈台由交州、安南附近揮師北上，蒙哥則親率四萬大軍進攻西蜀。

蒙哥軍渡嘉陵江至白水，進兵圍長寧山，攻克了隆州、閬州。西元一二五九年二月，蒙古大軍到達重慶的北邊門戶合州。

合州的州治在釣魚城，四周峭壁懸崖，易守難攻，成為封鎖重慶、支撐四川戰局的主要據點。宋朝知州王堅在城內加強防禦，組織百姓進行抗戰。從二月至四月，蒙古軍屢次展開猛攻，而宋軍憑藉釣魚城的天然良險，從容防守。雖然蒙古軍有精良的大砲、弓弩，但由於釣魚城「石邑入雲」，蒙軍「炮矢不可及也，梯衝不可接也」。蒙古軍雖有幾次攻上城頭，也被宋軍擊退。前後圍攻五個多月，釣魚城還在宋軍手裡。

六月，天氣十分炎熱，「山中從前無此熱，早禾焦死晚禾枯」，蒙古軍中開始流行疫病。由於蒙古軍士馬匹不耐其水土，軍心渙散。汪德臣單騎進逼城下說降，城上飛石拋過來，差一點擊中他，以致感疾，不久死於軍中，蒙軍士氣十分低落，七月，蒙哥死。蒙哥死後，征蜀的蒙軍陸續北撤。後人評價說：「沒有釣魚城，早就沒有四川了。沒有四川，早就沒有江南，宋朝也不可能要到崖山之戰才被滅亡。」當代的一些史書由此就稱釣魚城是「上帝折鞭處」。

不過，這裡有一個問題後人十分搞不明白，蒙哥大汗為什麼會死得如此突然？他到底是怎麼死的？後人就開始進行研究探索。

大體上說，對蒙哥的死因有這樣幾種看法：中箭說，中炮石說，中炮風說，淹死說，羞愧說，染疫說。

中箭說出現得較早。西元一二六四年出版的敘利亞人阿部耳法剌底的《世界史節本》認為，蒙哥是被宋軍流矢射中而死的。守城的宋軍見到蒙古一個大官出現，據高射冷箭，其中一箭射中蒙哥要害。現今保存在四川省合川市釣魚山忠義祠內的明正德十二年的《新建二公祠堂記》碑，也說蒙哥是中飛矢死。這種說法為許多史學家採納，如著名史學家翦伯贊在《中國史綱要》中也贊同這種說法。

中炮石說最早出現在明代的《重慶志》中，認為蒙哥是中炮石受傷而死。此後在一些當代的史書中採用了這種說法，認為蒙哥在先鋒汪德臣死後，親率大軍攻城，為炮石所傷，回營後因傷勢過重死於軍中。有人推測，今釣魚城腦頂坪，就是當年蒙哥中炮石的地方。

中炮風說也是一種重要的說法。據無名氏的《釣魚城記》說，蒙古軍當時沒有什麼辦法強攻取勝，但又不願棄城撤軍，只好加強對釣魚城的封鎖與監視，等待時機。有一天，蒙軍在南城外築高台，建樓橋，樓上還接了桅杆，修成一個嘹望台，想探知城中虛實，看看究竟有無水源。宋軍不慌不忙，等那哨兵攀至桅杆末端，正要抬頭張望時，突然發炮襲擊，把哨兵拋至百步以外，當場斃命。在一旁督戰的蒙哥汗「為炮風所震」，也生起病來。蒙軍堅持不下去了，急忙將前軍南調，圍攻重慶。蒙哥感到自己急需「稍事調養」，行至金劍山溫湯峽，便病重而死。據說蒙哥臨死時有遺言：「我是因此城而病，我死後如攻克此城，一定要把城中男女殺光。」蒙古軍最終沒有打下釣魚城，但在撤軍途中，殺害了兩萬多老百姓，以泄憤恨。這種說法得到了明四川巡按謝士元《游釣魚山詩序》、民國《合川縣誌》的支持，後代也有很多史書採納這種說法。不過總體上看，這種說法與上面的中炮石說比較相近。

淹死說也是出現得較早的一種觀點。西元一三〇七年，小亞美尼亞海屯口授的東方史《海屯紀年》認為，蒙哥在進攻宋軍時，乘坐的戰船被宋軍潛水者鑿穿，蒙哥因此被淹死。這種說法沒有其它史料的支撐，因而後人很少採用。

羞愧說最早出現在南宋末年黃震的《古今紀要逸編》中。該書認為蒙哥是因屢攻釣魚城不克羞憤而死的。《釣魚城記》也說，王堅為了刺激蒙古軍，向城外拋扔了兩條各重三十斤的大魚和幾百個蒸麵餅，附上一封信，上面寫道：「爾北兵可烹鮮魚、食餅，再守十年，釣魚城也不可能得到手。」蒙哥見到後，羞愧難當，一激動就發憤而死。

染疫說是最為流行的一種說法。這種說法認為早在釣魚城之戰剛開始階段，蒙哥命紐赴涪州，切斷由荊湖西上的南宋援軍。紐所部因不適應四川氣候而首先流行疫病，「士馬不耐其水土，多病死，紐憂之」。進攻合州的蒙古軍也為疫所困，史天澤部「軍中大疫」，士兵一個個病倒死去，一度想班師退兵了。由於蒙古人從未預料會得疫疾，軍中也沒有準備什麼防疫措施，但蒙古人知道喝一定數量的酒可以抵抗疫病，而在實際使用過程中又有一定作用，所以蒙哥汗決定在部隊中推廣。《元史．月舉連赤海牙傳》雲，月舉連赤海牙隨蒙哥汗攻合州，奉命修曲蘗。酒麴做出後，分發給士兵，「以療師疾」。西元一三〇七年，波斯政治家剌施特哀丁的《史集》第二卷記載，當時蒙哥也染上了疾病。他下令全軍喝酒來對付疾病，自己也堅持飲酒，但不久健康狀況進一步惡化，駕崩於軍中。

蒙哥死後，蒙古軍無法逗留，只得全軍北撤，川中的形勢頓時緩和了下來，可以這麼說，蒙哥之死影響了宋蒙關係的歷史進程，那麼對於蒙哥汗死因的各種爭論也就顯得十分必要了。

元朝末代皇帝的生父之謎

元順帝奇渥溫妥歡帖睦爾，生於延祐七年，是元明宗的長子。至順四年，他只有十三歲，被權臣擁立為帝，成了元朝的最後一個皇帝。根據《元史》的記載，順帝的生母是罕祿魯氏，名邁來迪，居於金山之北，明帝到北方時，見到了貌美品端的她，就收納為妃子，之後生下了順帝。照理說，關於元順帝生父母的記載是比較明確的，不該有什麼疑問。然而，從元朝開始，有許多人對元順帝的出生表示出了極大的興趣，並且提出了一些令人意想不到的看法。

第一個提出順帝不是元明宗兒子的是元文宗圖帖睦爾。元泰定帝死，圖帖睦爾在權臣燕鐵木兒等人的支持下，自江陵入居大都，被立為帝。但文宗考慮到其兄和世王束是武宗的嫡長子，應讓位於他，所以派人到漠北迎和世王束還京師，即皇帝位，是為明宗。明宗即位數月，就為燕鐵木兒投毒害死，這樣文宗第二次即皇帝位於上都。次年四月，明宗皇后八不沙被謀殺，妥歡帖睦爾被遷徙到高麗，居大青島中，不與人接觸。在這樣的一種皇位爭奪背景下，至順二年，文宗詔告天下，說明宗在生前一直聲稱妥歡帖睦爾不是他的親生兒子，因而將妥歡帖睦爾移到廣西靜江（今廣西桂林）去了。這件事由於影響較大，所以宮廷史冊《脫卜赤顏》和明初修的《元史》均有詳細記錄。不過就事實來看，文宗說妥歡帖睦爾不是明宗的兒子，主要的意圖恐怕是為了保住皇位，因為明宗的長子應是皇位最有力的競爭者。

自文宗提出後，再加上順帝是元朝最後的一個皇帝，歷代文人對他的出生就特別關注。元末明初有個叫權衡的人在《庚申外史》一書中，從文宗的詔書著手，將順帝的出生妙筆生花成一個帶有傳奇色彩的故事，順帝的父親變成了宋恭帝趙㬎。書中記道，德祐二年，元軍入臨安城，幼帝趙㬎、皇太后全氏與宗室、宮人、文武官員及太學生等數千人被俘北上。這年五月，趙來到上都，忽必烈封他為瀛國公。之後趙在白塔寺中為僧，天天唸經吃齋，後又奉詔遷居甘州山寺。有一位趙王可憐趙上了年紀，但仍孤身一人，遂將一個回回女子送給他作為侍妾。延佑七年，這位女子生下一子。當時元明宗正好前往北方路過此地，突然見到寺廟上面有五色雲氣緩緩上升，像一條龍的形狀，遂走前來察看。他來到趙的居室，得知他剛生下一個兒子，一看，很招人喜愛，就收為養子，並將母子二人都帶進了宮內。

權衡《外史》的傳說，引起了後人對順帝生父的探索，各種各樣的傳說猜測越來越多，細節越來越清晰，內容更加豐富，故事特別生動。在明朝人的一些作品中，對順宗是趙的兒子、明宗的養子的說法得到了充分肯定，並且進一步蒐集資料加以豐富論證。明朝史家談遷更是將這則故事當作史實載入他的名著《國榷》中，余應、何喬新、程敏政、錢謙益等人對此也津津樂道。

與此同時，明朝也出現了一種稍有不同的說法，稱元順帝確是趙顯的兒子，但是個遺腹子。元明宗北上見到趙顯的妻子時，十分喜歡，強行將她納為自己的妃子。趙顯的妻子此時已有身孕，嫁給明宗不久就生下了順帝。這種說法見諸於袁忠徹《符台外集·紀瀛國公事實》中。從所述內容來看，這種說法實際上是在將前面的傳說進行修正，以使它與《元史》的記述互相沒有矛盾。

清朝及近代的一些史學家仍然認同順帝是趙顯兒子的說法，萬斯同、全祖望及王國維等都有專門文字進行考證。北方的一些少數民族如遼、金等都有收繼養子及外姓人入族的習俗，元人也同樣是如此，元明帝收養趙的兒子在當時是符合蒙古人的風俗習慣，因此可能性較大。至於說順帝是趙的遺腹子，從出生年月上看，有許多地方不相符合，這種說法很難使人確信。

當然更多的人並不相信上面的傳說是真的，他們認為元順帝的生父確是元明宗，根本不可能是趙顯。畢沅的《續資治通鑑》是一部重要的編年體史書，在談到這一問題時他認為文宗的詔書並不足信，《庚申外史》和明朝余應之等的詩文是「委巷俚鄙之談」，根本不足為據。《四庫全書總目提要》卷五二對《庚申外史》這本書評價較高，但對其中稱順帝是瀛國公的兒子這一條進行了辨證，認為是無稽之談。指出明朝袁忠徹、權載之、程敏政、錢謙益、余應之的，詩文中談到的這件事，發端都是《庚申外史》，經對事實核查，「渺無可據，實為荒誕之尤，非信史也」。之所以出現這樣的傳說，主要是直到元朝中葉，仍有一些宋朝遺民對元朝滅宋十分憤恨。當他們見到元文宗說順帝不是明宗的兒子，就乘機編造故事進行發洩。明人恨元朝蒙古人，於是也附合上去加以渲染流傳，使這件事傳播得很廣，影響較大。《總目提要》的觀點得到了許多人的認同，所以清末民國初年的一些有關元朝史書，如魏源的《元史新編》、柯劭的《新元史》等，都沒有將趙顯是順帝的生父作為信史採用。

明人提出的趙昆是順帝的生父，從目前所占有的史料來看，還難以使更多的人堅信。因為正像《四庫總目提要》所說，所有的觀點其實是來自一源——《庚申外史》，因而資料並不充分。但我們又如何面對元文宗說順帝不是明宗兒子之類的話？說他是為了保護自己的帝位而採用的伎倆是否講得通？希望能有更多資料的發現來解決這個歷史疑案。

忽必烈定都大都之謎

忽必烈是成吉思汗幼子拖雷的第二個兒子。他的母親唆魯忽帖尼深受漢文化的影響，常徵召儒士到漠北去為她的孩子們講學，因而使忽必烈從小就受到儒家思想的薰陶。二十多歲時，忽必烈與燕京大慶壽寺的海雲禪師過從甚密，海雲將他的弟子子聰推薦給忽必烈，經常向他請教。子聰俗姓劉，名侃，後改秉忠。之後，忽必烈又召納了趙璧、郝經等眾多儒學名師在身邊。

西元一二五一年，忽必烈的哥哥蒙哥接大汗位。因在蒙哥爭奪汗位的鬥爭中推戴有功，受到器重，總領漠南漢地軍國庶事，統領陝西和河南地區。接受劉秉忠的建議，忽必烈在漠南大興漢法，試行仁政，取得了較大的效果。這一切引起了蒙哥的猜忌，一部分宗親大臣也進行挑撥，認為忽必烈在拉攏中原人心。西元一二五七年，蒙哥藉口忽必烈腿疾而收回了他的兵權，同時設立元世祖出行圖鉤考局，派人到陝西、河南檢查財賦，藉機剷除忽必烈的下屬黨羽。儒臣姚樞進言對忽必烈說：「大汗在國是君，在家是兄，你難與之抗衡。不如將妻子兒女送歸汗廷，表示自己沒有異志，或許可消除大汗的懷疑。」忽必烈依言將妻女送到和林，自己又去親見蒙哥，說明自己在漠北的所作所為。行漢法使忽必烈看到了漢民族文化的博大精深，同時他知道只要行漢法，就能得到漢族人的支持。

西元一二六〇年，蒙哥率軍進攻南宋四川釣魚城時，病死在軍中。這時忽必烈正率軍在渡淮攻打鄂州。消息傳來，許多人認為他應撤兵北歸，奪取汗位，而忽必烈認為不能無功而返，仍渡過長江，進圍鄂州，與宋軍賈似道對峙。這時忽必烈得到妻子的密報，其弟阿里不哥正在謀繼汗位，他就採納郝經的意見，接受賈似道求和的要求，率師北歸，於這年年底回到燕京。西元一二六〇年，忽必烈不顧蒙古傳統慣例，在開平自行召開忽里勒台選汗大會，在塔爾察兒等一部分王族的支持下，登上大汗寶座。蒙古大汗的產生要經過忽里勒台會議推選，而且要有成吉思汗家族各支系、諸王貴族參加，在鄂嫩河、克魯倫之地舉行才算合法，被推選人必須經過一番形式上的推辭，才能即汗位。而忽必烈的上台，僅召集了自己的親信諸王，沒有給予有選舉權的其他各系諸王們時間和機會來行使權力，因此他的即位許多蒙古貴族認為是不合法的。幾乎同時，阿里不哥在和林也召開大會，受到另一部分貴族的擁護，宣布即大汗位。於是蒙古汗國出現了兩個都自稱合法的大汗。

從總的來看，支持阿里不哥的蒙古貴族更多，但忽必烈發揮了自己在軍事上的才能。他發兵迅速控制了川陝地區，親征和林，封鎖了運輸線，使阿里不哥無法從漢地獲得糧食而陷於困境。之後，阿里不哥多次戰敗，財力物力越來越貧竭，漸漸眾叛親離，西北諸王紛紛倒向忽必烈，阿里不哥最後不得不到上都向忽必烈投降。

擊敗阿里不哥，並沒有消滅隱患，終忽必烈有生之年，北方諸王叛亂此起彼伏，從未停止；先是海都等一些守舊的蒙古藩王主張蒙古舊俗，反對忽必烈行漢法，多次興兵問罪，一度占領哈剌和林，之後昔裡吉和乃顏等也先後叛亂。這些事件在說明忽必烈作為蒙古大汗的權威可能在消失，他在征服中國的過程中，也在喪失對漠北的控制力。北京北海瓊華島阿里不哥雖然已經擊敗，但不能保證他不東山再起，東北、西北諸王也不能全部消滅，在這樣的一種政治背景之下，忽必烈覺得定都和林就有冒險的成分，而把它作為中原的屏障，作為緩衝地帶來抵禦北方不斷的叛亂，是再好不過了。所以在戰勝阿里不哥之後，西元一二六四年八月，劉秉忠建議忽必烈定都燕京，忽必烈馬上贊同，下詔修治宮室城池，作為中都，這時的中都已事實上作為忽必烈的政治中心了。

北方政局略為穩定後，忽必烈開始了進攻南宋。西元一二六七年他再度攻宋。占領襄樊後，滅亡南宋的時機也告成熟。接下來的問題是如何統治宋地，如何有效地對西夏故地和大理、西藏等地進行管理，忽必烈及其身邊的智囊團自然而然地想到了遷都。

早在蒙哥汗時，忽必烈就經營漠南，培植了強有力的漢族政治、軍事和經濟力量。還未登位時，大臣霸突魯就說：「幽燕之地，龍蟠虎踞，形勢雄偉，南控江淮，北連朔漠。且天子必居中以受四方朝覲。大王果欲以營天下，駐蹕之所，非燕不可。」所以遷都之議從即位不久即已開始。之後由於自己在蒙古貴族中的威望減弱，從有效控制中原之地考慮，於西元一二七二年正式遷都。他自己也說：「朕居此以臨天下，霸突魯之力也。」說明遷都是考慮了很長時間的。

至於一些觀點認為忽必烈遷都是北方少數民族封建化的結果，遷都是考慮到了經濟上的原因，恐怕都不是事實。

元順帝昏庸之謎

元朝最後一個皇帝——順帝奇渥溫妥歡帖睦爾，作為一代亡國之君，常被認為是昏庸不堪的帝王，時人評價他是怠於政事，荒於遊宴。翻開史書，確也如此。

在順帝的身邊，我們可以看到一些無恥遊徒極盡諂媚，盡力投其所好，引導著他一步步走向吃喝玩樂。有一個叫哈麻的官員，原是一個小小的侍御史，因宰相脫脫的緣故，深受順帝寵愛，這時他向順帝推薦西方和尚的揲兒法，說這種叫「大喜樂」的練功法能使人身上的氣流或消或脹，或伸或縮，可以達到延年益壽。順帝聽後大喜過望，每天與哈麻等人一起練功。哈麻的女婿禿魯帖木兒也是一個極盡巴結能事的心術不正分子，他迎合順帝所好，向他舉薦了西蕃僧伽磷真，說這個和尚特別擅長「祕密法」。禿魯帖木兒開導順帝說：「陛下雖位居萬乘天子，富有四海，但不過就是保有現世而已。人生能有多少長？你要延長壽命，必須學習祕密大喜樂法練習禪定。學習這種禪定法後，才真正會感到其樂無窮。」想不到頭腦發昏的順帝竟然會深信不疑，任命了禿魯帖木兒等十人為「倚納」，天天與他們一起演習大喜樂法。

為了在練功時不被打擾，順帝在上都還修建了龐大的穆清閣，連延數百間房子，每間內都安排一個女人在裡面，說是為了練習大喜樂必須這樣做。練功時還不忘看女人的豔舞表演，順帝還特地挑選了宮女三聖奴等十六人天天在宮內演出，起了個名字叫十六天魔舞。在他的倡導下，宮中興起了演習大喜樂和跳天魔舞的熱潮。每天看這些天魔舞女的演出十分過癮，但又害怕大臣們知道後勸諫，順帝就讓人挖了道地把天魔舞女藏於其中，每天祕密到道地中和舞女們鬼混，男女裸體，聚眾淫樂，白天連著黑夜，至於國家大事，這時早不知拋到什麼地方去了。

順帝還別出心裁，不斷翻新花樣，自己設計，在內苑造龍船，長一百二十尺，寬二十尺，船的上部有五個大殿，全部用五彩金飾妝飾，用水手二十四人，皆穿了金紫的衣服。船一動，船頭的龍首、龍眼、龍口、龍爪和龍尾都會跟著動起來。每天他和嬪妃、宮女們乘坐這只龍船在後宮至前宮的湖中往來遊戲。他愛看舞蹈，在厚載門高閣建起了舞台，經常通宵達旦地在這裡觀賞。他的心中這時已沒有國家這個概念了，大臣們上朝，不問政事，卻為大臣設計房屋的模型，親自「削木構宮」。儘管他所做的模型只有一尺來長，但裡邊棟梁楹檻，樣樣具備。他還選了一百零八個僧人，大搞遊皇城活動，每次涉及的人要好幾萬，所費財力和國力不可勝數。

在這樣一位荒淫腐朽的皇帝統治下，整個國家已是凋殘敗落，各地起義反抗雲湧蜂起。宰相脫脫認為哈麻是引誘順帝走向荒淫的罪人，希望順帝將他革職查辦，順帝聽後不高興了，說當年哈麻是你舉薦的，現在又要撤他的職，到底是為了什麼？接著他又說：「撤職大可不必。人生幾何，及時行樂為是。軍國大政，有卿主持，朕可放心，你少講幾句，我就能長久地快樂，如此人生知足矣。」說完還哈哈大笑，氣得脫脫兩眼發直。

脫脫對他說外邊的形勢現在十分緊張，各種災害變異不斷，農民土匪到處都在造反，順帝遂派脫脫總管各路人馬南征。至元十四年，哈麻誣陷脫脫，順帝不辨真假，先是下詔撤了脫脫的兵權，安置淮南，後又命他去雲南，所有家產，沒收入官。脫脫終於被害死在雲南。之後，元軍迅速解體，政府中的矛盾也開始激化，各地農民起義乘機蓬勃發展，元朝統治就一發不可收拾，最終為躲避兵鋒，率三宮后妃、皇太子妃等倉皇北逃沙漠。幾年以後，因痢疾死去，年五十一歲。

這樣一個昏庸的帝王，將元朝大好江山拱手讓人，按理來說，是絲毫不值得我們有任何動情的地方。不過有人指出，元順帝的腐朽昏庸並不是他的本質，剛登上帝位時他不是這種樣子的，他可以稱得上是一個頗具改革精神的好皇帝。

順帝即位時只有十三歲，當時擁立他上台的是權臣伯顏，所以從感恩的角度他提拔伯顏為中書右丞相，主管朝中大政。但伯顏執政後，利用手中大權，擴展自己的勢力，打擊異己，勢焰熏灼，順帝成了他的傀儡。隨著年齡的增長，他對伯顏的專橫跋扈日益不滿，逐步產生了改變自己無權的地位和按照自己意志處理朝政的願望。至元六年，他在脫脫的幫助下，乘伯顏外出遊獵，關閉都城大門，巧妙地驅逐了伯顏。

從至正元年開始，順帝任命脫脫為中書右丞相，大刀闊斧地進行社會整頓和改革。接受了脫脫等人的建議，他上台後恢復了科舉制度，並親自考試進士，不問出身和民族。從選拔人才的角度考慮，他還想到了加強對人才的培養這個問題，為此他大興學校，提倡文化教育，單是中央的蒙古、回回和漢人的三監就招收了貴族子弟三千多人。學校裡的學習內容，他規定以儒家經典為主，還多次派人到曲阜去祭祀孔子。伯顏專權的時候，官吏腐敗，不務政事，貪汙受賄，習以成俗，順帝明察到了這些情況，就加強了對官吏的考核，加強了對地方秩序的整頓。他對農業生產十分重視，在開設屯田和修築水利工程方面花費了不少精力。順帝和脫脫在政治、經濟和思想文化等方面對社會進行的全面改革和整頓，當時的史書上評價很高，稱之為「至正更化」。

不過我們也可以清楚地看到，所謂的這些「更化」措施，其實並不見很大效果，社會積弊很深，官吏腐朽並不是短時期內造成的，所以脫脫和順帝搞的一套並沒有收到預期效果，各地也沒有認真執行。這時的順帝一籌莫展了，他再也拿不出救世良方來了，失去了對治理社會的信心，不再考慮採取更好的辦法去治理社會，相反變得十分消極起來。哈麻之類人物的引導，對心態極不穩定的順帝誘惑力極大，他的思想急遽地向相反方向發展，整天沉溺於淫樂之中，花天酒地，嬪妃成群，長夜宴飲，不理朝政，戰備鬆弛，成了昏庸不堪的一代亡國之君。

可見，與列朝的末代皇帝相比，同為昏庸，元順帝與他們是有所不同的。

明建文帝蹤跡之謎

朱元璋建立明朝，制定了一套嫡長子繼承皇位、餘子分封王爵的制度：「國家建儲，禮以長嫡，天下之本在焉。」又說：「居長者必正儲位，其諸子當以封王爵。」而且還規定：「兄終弟及，須立嫡母所生者。庶母所生，雖長不得立。」在《明史》中記載了明朝的制度：皇子封親王，受金冊、金寶，歲祿萬石，府置官屬。親王嫡長子，年及十歲，就授金冊、金寶，立為王世子，長孫立為世孫。為鞏固朱姓天下，從洪武三年開始，朱元璋模仿漢高祖，大封諸子為王。此後又屢有封建，將自己的兒子全部分封到各地為王，遼、寧、燕、谷、代、晉、秦、慶、肅等王是其中實力最強者，諸王成了皇權的重要支柱。

明太祖對自己死後的嗣位十分重視。洪武三十年，他生了大病，認為自己可能不久於人世；就命足智多謀的李淑妃自盡，以防像唐朝一樣出現「武后之禍」。太祖的長子朱標，為馬皇后所生，洪武二十五年因病醫治無效死了，再選一個繼位者成了朱元璋十分緊迫的事情。朱標子朱允生下來時額顱稍偏，人雖聰穎，但仁柔少斷，朱元璋覺得不是最適合。燕王朱棣智慮過人，性格像朱元璋的父親，朱元璋十分鍾愛他，一度時間想把皇位給他。朱標死時已有五個兒子，嫡子早殤，次子朱允也已長大，朱元璋要舍孫立子，不合自己制定的禮儀。於是他召開群臣大會，以欲立燕王棣之意詢問諸臣，學士劉三吾當場反對：「皇孫年富，且系嫡出，孫承嫡統，是古今的通禮。若立燕王，那麼秦王、晉王該怎麼辦？」這樣朱允就成了皇位的繼承人。

各地分封的藩王，都以叔父的尊嚴，看不起侄兒朱允，只是因父皇還活著，大家隱忍不發罷了。洪武三十一年朱元璋死，在遺囑中他稱讚皇孫朱允人很聰明，講究孝道，希望各位大臣盡心輔助，各地諸王駐守原地，不用赴京奔喪。幾天後朱允即位，稱明惠帝，改元建文，所以又叫建文帝。建文帝明白各地藩王實力強大，戰功卓著，就以太祖遺詔為由，禁止各位王叔入京。燕王朱棣人已到淮安，只能調頭回到北京，內心充滿著怨恨。

建文帝上台後，對王叔們不把他放在眼裡十分記恨。特別是力量最強大的朱棣，入朝見他的竟然立而不拜，令他十分惱火，遂著手作削藩的準備。他先是將周王貶為平民，後接連治代王、岷王、湘王、齊王等罪。接著在自己當年的伴讀老師黃子澄等人的謀劃下派人到北京去，控制燕地兵權，監督燕王行動。建文元年七月，建文帝走出了最為冒險的一著，他命北平左布政使張等發兵逮捕燕王，但早作準備的燕王把張等全部擒殺，以清君側為名，打著靖難的旗幟，廢除建文帝的年號，續稱洪武三十二年，正式開始了靖難之役。

靖難之役共歷時四年，至建文四年六月，朱棣兵臨南京城下，守衛京城的大將李景隆開門投降，朱棣帶兵入城，在任官員四處逃竄。氣急敗壞的建文帝下令放火燒宮，當燕王來到皇宮時，宮中已是一片火海，建文帝不知去向，所使用的寶璽也隨他一起消失。建文帝哪裡去了？

正史記載建文帝在宮中自焚而死。當燕王到來時，建文帝自知大勢無可挽回，遂縱火自殺。《太宗實錄》說，朱棣兵攻至南京城下，文武百官諸王無計可施只能前來見皇帝，建文帝想出去迎接朱棣，想不到左右的人已全部散盡，僅有內侍太監數人而已。建文嘆曰：「我何面目見耶！」就關了門自焚而死。朱棣上台後，在給朝鮮國王的詔書中就談到：「不期建文為權奸逼脅，闔宮自焚。」但建文是否真死於自焚，很多人表示出懷疑。因為事後朱棣命太監在火燒後的餘燼中反覆搜檢，發現了馬皇后和太子朱文奎的遺骸，卻就是不見建文帝。《太宗實錄》說朱棣是找到了建文帝，並令以皇帝規格舉行葬禮，但明清兩代從未有人提到在南京附近有建文的陵園。《春明夢餘錄》談到明末有人請崇禎帝將建文列入祀典，崇禎嘆道：「建文無陵，從何處祭？」一九三〇年代，明清史專家孟森就認為雖然《明實錄》載建文帝在宮中起大火時燒死，但明代就無人相信。清朝修《明史》說「燕王遣中使出帝、後屍於火中」，這是因為康熙時朱三太子案攪得人心惶惶，因而「故有此曲筆耳」。

沒有被火燒死，建文帝哪裡去了？孟森認為在宮中火起之前，建文帝逃出去了。《明史．姚廣孝傳》談到永樂十六年，八十四歲的姚廣孝不能入朝，成祖到慶壽寺去看望，問姚有什麼要他辦。姚什麼也沒說，唯獨說起僧人溥洽被關了很長時間，希望皇帝赦免他。溥洽是建文帝的主錄僧，有人說他知道建文帝的去向，明成祖以其他事情的藉口將他關了起來。如果成祖找到了建文帝的屍體，何必還要將溥洽關起來而追尋建文帝的蹤跡？《明史》中還說成祖懷疑建文帝出走，所以派了胡到天下各地去尋找，還派鄭和下西洋，如果成祖有建文帝的下落，何必還要遍訪十餘年？

此後有人指出，嘉靖年間鄭曉的《建文遜國記》，是明確說建文帝逃出金陵城的第一部書。

照上面的說法，建文帝可能是逃出去了。逃出後的建文帝在於什麼？有人認為他是做和尚去了。《明史．程濟傳》說：「金川門啟，濟亡去。或曰帝也為僧出亡，濟從之，莫之所終。」南京城攻破而程濟失蹤了，所以人們懷疑他與建文帝一起做和尚了。《明朝小史》對建文帝的去向說得活龍活現：太祖病重時，給了建文帝一個密封的小匣子，讓他只有到了危難時才可開啟。到靖難兵入城時，建文帝想起了小匣子，把它打開，原來是和尚的一份度牒。於是削髮披緇，從地道中逃出。有人認為建文帝城破前與楊應能、葉希賢一起削髮為僧，法名「應文」。明成祖曾向天下寺院頒布了《僧道度牒疏》，將所有僧人重新造冊登記，對僧人進行過總調查，目的是為了尋找出建文帝。從永樂五年起，他還派胡以尋仙人張邋遢為名四處出巡，一找就近二十年。有人指出，朱棣死後，建文帝才回到北京，迎入西內，死後葬在西山。更有人聲稱在西山找到了建文帝的墓地。

當了和尚的建文帝到過些什麼地方？許多人認為建文帝以僧人的身分浪跡天涯，足跡遍及江蘇、浙江、四川、貴州、雲南以及緬甸等地。有人指出建文帝曾到重慶三次，住在大竹山善慶里。有人主張，建文帝出亡在近不在遠，不是在雲、貴、川、粵，而是在吳縣的穹隆山皇駕庵，永樂二十一年歿亡，葬於皇駕庵後的山坡上。有人認為徐霞客在貴州廣順東南的白雲山間，看到建文手植的巨杉二株，樹西半裡的古寺，是建文所立。也有人認為建文帝是以滇為家，在最初三十多年中，為躲避朝廷追緝，他行蹤不定。《神宗萬曆實錄》記載萬曆二年，首輔張居正曾說：「先朝故老相傳言：建文帝當靖難師入城，即剃髮披緇，從間道走出。後雲游四方，人無知者。至正統間，忽雲游至雲南，郵壁上題詩一首。」明代人就認為他主要在雲南活動。《明史》也說：「或雲帝由道地出亡。正統五年，有僧自雲南至廣西，詭稱建文皇帝。」明清以來流傳的許多地方文獻，都可說明建文帝曾在滇中、滇西留下了足跡。有人認為建文帝到南洋去了。成祖找不到建文帝，始終有一塊心病，他害怕建文帝沒有死，會召集人馬用朝廷的名義來討伐他，於是派出鄭和下西洋，一方面當然是為了宣揚國威，另一方面是為了尋找建文帝的下落。在鄭和下西洋的人中，有的竟然是錦衣衛的人員，他們主要是針對建文帝的。

建文帝出逃做和尚的說法為許多人津津樂道，但也有學者發表了不同的聲音，他們認為為僧之說不足信，因為當時京師內宮並無祕密道地或御溝通往城外，所謂剃髮為僧、雲游四方，都是民間傳說而已，是無稽之談。這大概是明成祖明白自己是搶奪帝位的，「欲曲諱其自弒惡名，故反隱播此說」，這樣做想說明他還沒有致建文於死地，而後來的文人不明其理，「緣飾其間，遂成千古疑案」。也有人認為建文帝既非自焚，也非出亡，而是被成祖所殺而滅跡。

建文帝究竟哪裡去了？如果說建文帝是自焚死了，的確是無法解釋史書中的種種矛盾；如果說建文帝是出逃為僧了，但大多是筆記小說所記和民間傳說，確鑿有力的證據還十分缺乏。看來在短期內這個謎案是很難解決的。

明仁宗死因之謎

永樂二十二年七月，明成祖朱棣去世。八月，朱高熾登上皇位，改元洪熙，是為明仁宗。洪熙元年五月，仁宗突然暴崩，死時四十八歲，共在位十個月。六月，仁宗長子朱瞻基即位，是為宣宗。

根據史書記載，仁宗去世前三天還在處理政務，他從開始不豫到崩於北京欽安殿，前後僅兩天時間。正史中並沒有記載仁宗死於何病。如《仁宗實錄》說：「洪熙元年五月庚辰，上不豫，召尚書蹇義、大學士楊士奇、黃淮、楊榮至思善門，命士奇書敕遣中官海濤驅召皇太子。辛巳，上疾大漸，遺詔天下，傳位皇太子。是日，上崩於欽安殿宮中。」但對仁宗的死因，從明代開始就有人產生了懷疑，黃景在《國史唯疑》卷二中就說仁宗是「實無疾驟崩」。正當中年，無疾斷然不會突然崩逝，黃景實際上是表示出了對仁宗突然死亡的疑問。

仁宗是怎麼死的？長期以來人們提出了不同的看法。

一種觀點認為，仁宗之死與其長子朱瞻基有關。當初明成祖立太子時，因為仁宗忠厚平庸的性格，成祖已經打算立朱高煦，但迫於輿論和太祖制訂的立嫡立長的制度，才立朱高熾為太子。仁宗長子朱瞻基永樂九年被立為皇太孫，明成祖發現這位孫子與他的性格極其相似，因而備加寵愛。朱瞻基一反其父不喜騎射的習性，熟諳武事，且善於應變，頗具口才，明成祖十分喜愛他，在二征漠北時，特命皇太孫隨侍，令其有戎馬軍旅的磨練。朱瞻基工於心計，在保全其父儲位上出了較大的力氣。仁宗與朱高煦、朱高燧之間的皇儲之爭，由於仁宗的忠厚，表面上並沒有撕破臉，而永樂十四年有人告發高煦有謀反狀如私立護衛、大造兵器等，永樂二十一年高燧糾集常山護衛王瑜等「將不利於上及皇太子」，而事後經明成祖仔細審查，二事都是言過其實。有專家經過詳細考證，認為這二場誣陷案的幕後策劃者是朱瞻基。

朱高熾想保太子之位，但不想謀害兩弟，所以在成祖面前為弟弟講盡了好話。相反，他對這個性格與他反差很大的長子沒有什麼好感，因此感情上日益疏遠。當仁宗即位之初，群臣上表請立太子，仁宗以一些託辭回絕，其後雖勉如所請，然態度很冷漠。在立太子的冊文中，也一反冊文冠冕堂皇的通例，卻用了不少筆墨來曉諭太子做人的道理。

洪熙元年三月，仁宗命皇太子往祭風陽皇陵、南京孝陵，並讓他留守南京。四月，命成國公朱勇等大批官員侍皇太子謁祭皇陵、孝陵。壬子（十四）日，皇太子從北京出發。當時一般走的路線是出河北，經山東，折入安徽，再到南京。整個行程，大概要花費二個月左右。但奇怪的是當五月十二日太監海濤帶了詔書赴南京召皇太子時，皇太子居然早到南京了，而且還靜靜地等在那裡。太子六月初三日回到北京，從當時的路線推斷這段路快馬加鞭要走十天，因而太子應在五月下旬就從南京出發了。

《宣宗實錄》上記載由於太子當時沒有回京，朝廷就祕不發喪。等太子回京走到蘆溝橋時，中官在這裡設幕次香案，「俟上至開讀。上既至，聞有遺詔，慟哭幾絕」。而實際上太子還未從南京上路，人們就已經在暗傳「仁宗上賓」的消息了。即使在北京也沒有人知道的消息，在南京人們怎會知道？看來仁宗的死是一些人早就預料好的。當時宣宗的舉動言行也十分反常。有人勸他為了安全從小路回北京，他卻說：「君父在上，天下歸心。豈有他哉！且予始至遽還，非眾所測，況君父召，豈可稍違。」於是從大道大搖大擺地驅車回京。問題是宣宗怎麼知道他要「始至遽還」，這不是在掩蓋他已經知道了事情的結果嗎？「非眾所測」，眾大臣「測」的是什麼？宣宗回到北京，英國公張輔等說人心洶洶不可掉以輕心，宣宗躊躇滿志地回答說：「天下神器非智力所能得，況祖宗有成命，孰敢萌邪心！」說這話的時候，等於在告訴眾人他早已作好一切準備即位了，一語泄露了天機。

這一觀點認為，仁宗之死必與宣宗有關。當宣宗與仁宗日益疏遠並派他到南方祭陵時，宣宗開始擔心了，遂作了殺仁宗奪皇位的安排。隨侍在仁宗身旁的宦官海濤等人就是朱瞻基的親信，因而仁宗的暴崩就十分蹊蹺了。

另一種觀點認為仁宗之死與他色慾過度有關。仁宗喜歡女色，早在為太子時就做得十分露骨。朝鮮《世宗實錄》說朝鮮使臣尹鳳曾把朱高熾和朱棣作過比較，回國後告訴朝鮮國王說：洪熙皇帝「好戲事」，「沈於酒色，聽政無時，百官莫知朝暮」。《明通鑑》和《明史》談到仁宗上台不久，有個著名大臣叫李時勉的給他上了一篇奏疏，中心內容是讓他不要嗜慾過度。奏疏中說：「側聞內宮遠自建寧選取侍女，使百姓為之驚疑，眾人為之惶惑。」他說天子應該按規定有內宮制度，可以擁有許多女人，但現在成祖的大孝尚未結束，皇帝左右侍御的確不應該沒有人，但現在正宮皇后還沒有冊立，你這樣做「恐乖風化之原，有阻維新之望」。仁宗特別喜愛女色，而李時勉卻給他當頭棒喝，觸及了他的命門，仁宗怎會不發怒？遂令武士對李動刑，關進大獄，李險些送掉老命。數月後宣宗上台，因為他搞不清李自勉的事情到底是怎麼一回事，遂親自御審李時勉：「爾小臣敢觸犯先帝，疏中講了什麼話，趕快說出來。」李時勉邊叩頭邊說：「臣只是說皇帝諒陰（守喪）中不宜近妃嬪，皇太子不能遠離皇帝左右。」宣宗一聽很高興，直嘆李時勉是個忠臣。

仁宗縱慾過度，體虛乏力，最後得了難以言語的不治之症。陸在《病逸溫記》中記載：「仁宗皇帝駕崩的速度太快了，有人懷疑是被雷震死的，也有人懷疑是宮人想毒死張皇后，想不到誤毒了皇上。我曾經碰到雷太監，問他仁宗是否死於上述二個原因，他說都不是，主要是他得了陰症。」得自於太監口中的消息，應該說有一定的可信度。但就當時的醫療水準來說，得了陰症要治好是有難度的。宣宗初年，羅汝敬上書大學士楊士奇說：「先皇帝嗣統還不到一年，就奄棄群臣，追查一下原因，都是儉王小人獻金石之方而導致疾病的。」如此說來，仁宗的死因是為了治療陰症而服用了金石之藥，最後有可能是中毒身亡。由於所得的病比較特殊，正史中也就無法加以記載了。

皇位剛坐十個月就駕崩，的確是可疑的。不管是被宣宗殺掉，還是得了難言之隱的疾病去世，仁宗的死值得人們去繼續關注。

明英宗復辟之謎

明英宗朱祁鎮即位之初，太皇太后張氏（仁宗朱高熾皇后）委託閣臣楊士奇等主持政務，政治尚能維持清明，社會比較安定。

太監王振是英宗在東宮為太子時的心腹。王振為人狡黠，阿諛逢承的套路最為拿手，朱祁鎮年輕想玩，王振就想方設法讓這位小太子玩得痛快，所以二人感情十分融洽。英宗年僅九歲就即位，他讓王振掌管司禮監，但這時因太皇太后張氏的關係，王振還不敢放肆。正統十年張太后病死，王振就開始為所欲為了。英宗貪玩，他就趁機代表皇帝把軍政大權抓在手裡，代皇帝批答奏章，模仿英宗的口氣任用官員。趨炎附勢的百官們尊稱他為「翁父」。

北方蒙古族的瓦剌部十分強大，新上台的首領也先屢次率軍南侵，使得明朝連年邊警不斷。正統十四年二月，也先派使者二千餘人向英宗獻馬，為冒領賞賜，假稱有三千人。王振發現這一情況後，自作主張減少馬的價錢，為此也先和明朝交惡。七月，也先南侵，來勢兇猛，大同守軍出戰失利，塞外的城堡大多陷落。

邊報傳到京師，英宗即派駙馬都尉井源等四將各率兵萬人出征抵禦。隨後，在王振的慫恿下，英宗作出了自己親征的決定。七月十七日，英宗不顧眾大臣的勸諫，命太監金英輔佐王朱祁鈺守京師，隨即與王振及明軍五十萬人到龍虎台駐營。八月初，大軍到達大同，聽說前方潰敗，就下令回師。八月十三日，來到距懷來城僅二十里的土木堡，被瓦剌軍追上。被圍二天之後，王振被亂軍殺死，英宗被俘，明軍損失一大半。這就是史書上所稱的土木之變。

英宗被俘的消息傳到北京，明朝百官一片恐慌。太后下詔立英宗長子朱見深為太子，命英宗之弟王朱祁鈺輔政。在滿朝大臣的強烈要求下，朱祁鈺下令抄沒王振全族，同黨馬順等全部被殺。這時，瓦剌繼續南下，並且帶了英宗作為要挾。人心惶惶之際，大臣們提出必須另立皇帝以安定人心，兵部侍郎于謙等大臣請太后正式宣布讓朱祁鈺做皇帝。九月，朱祁鈺正式登上皇位，改元景泰，遙尊英宗為太上皇。

也先帶著英宗率大軍直指北京城，于謙等率軍誓死保衛。十月底，也先戰敗，率軍退出塞外。

瓦剌內部的脫脫不花汗不滿也先對明朝的攻掠政策，主張與明朝開展友好互市。景泰元年八月，英宗被釋回京。由於已有皇帝了，英宗只能以太上皇的身分居住在南宮。

景帝為鞏固自己的帝位，一面派靖遠伯王驥守備南宮，對英宗嚴加監視，一面廢太子英宗長子朱見深為沂王，立自己的兒子朱見濟為太子。朝中有些官員為維護皇室嗣位的統序不予贊成，景帝卻一意孤行，不加理睬。一年多後，朱見濟病死，而景帝只有一子，御史鐘同等上疏請求復立朱見深為太子，受到景帝的懲治，皇太子問題因此被擱置不定。當時朝廷議論紛紛，有的大臣對景帝的行為非常不滿。

景泰八年正月，景帝病重。武清侯石亨等考慮到景帝將不久人世，開始策劃讓英宗復辟，以謀求私利。他們找到太常卿許彬，許彬贊同，認為此舉可建「不世之功」，並提議找副都御史徐有貞詳商計謀。十四日夜，眾人聚集在徐有貞家密謀。徐有貞問，英宗是否知道復辟的事，石亨說一天前已經密告。

十六日，正值有邊吏報警，徐有貞說：「應趁機以備急為名派兵進入皇宮，誰也不敢阻攔了。」於是密謀政變的眾人分別取走京城各門鑰匙。四鼓時分，徐有貞打開長安門放進千餘士兵，然後又把門鎖上。徐有貞率眾人奔向南宮，宮門牢不可開，命士兵用巨木撞擊，又派士兵翻牆入內，才將門打開，挾英宗奪門而出。於是一群人簇擁英宗進入東華門，宮門衛士大聲呵止，英宗說：「我是太上皇，有事見皇帝。」門衛便不敢阻攔。這樣，黎明時分，徐有貞等在奉天殿擁立英宗登上帝位。

十七日早朝，文武百官在朝房只聽得人聲嘈雜，深感奇怪。忽然諸門大開，徐有貞號令說：「太上皇復位了。」事出倉猝，大家感到十分意外和惶恐，只得上朝向英宗朝賀。這時躺在病榻上的景帝隱約聽見鐘鼓齊鳴，大驚失色，問身邊的人，得知是英宗，無奈地說：「好，好。」英宗終於在回朝後的第七年復位了。歷史上稱這一事件為奪門之變，又叫南宮復辟。

英宗即位後，廢景帝仍為王，並把這一年改為天順元年。病中的景帝被遷到西宮，不久死去，年僅三十歲。景帝之死，是一歷史疑案，有人說是病重逝世的，也有人傳說是被害死的。景帝死後，以親王的規格葬於北京西郊玉泉山，其妃嬪也被賜死殉葬。明憲宗朱見深即位後，恢復景泰帝號，將墓擴修成為皇陵。嘉靖時又改建陵碑，並將綠色琉璃瓦改為黃色琉璃瓦，使之符合帝陵規制。明代遷都北京後，帝王過世後全部葬於昌平的陵區，唯獨景帝因特殊的原因葬於玉泉山的北麓，被後人稱為十三陵外又一陵。

當年擁立景帝即位的官員，如于謙、王文、陳循等或被殺，或下獄。于謙在保衛北京一戰中立下了大功，使明王朝轉危為安，但此時卻成了皇權之爭的犧牲品。他對皇儲爭執向來置身事外，一心念國，這時被與他關係不協的徐有貞誣以欲立外藩襄王之子作皇儲，用謀逆罪處於死刑。昏庸的英宗對擁立自己的人大加封賞，下詔恢復王振官名，祀其牌位於智化寺。奪門之變中的為首數人，全部晉升，如太監曹吉祥晉升司禮監太監，成為內臣之首；石亨進封忠國公，在武將之中權勢最重。英宗昏庸，政治腐敗，明王朝開始轉入衰落時期。

嘉靖宮變之謎

嘉靖二十一年十月二十一日夜裡，天氣陰沉沉的，刺骨的寒風像利刃一樣直刺人的心窩，紫禁城裡寂靜無聲。站在各處的小太監們不安地東看看西看看，跺跺腳，哈一口氣，一切似乎在預示著有什麼事情要發生。

半夜，當世宗皇帝朱厚睡得似死豬一般時，一件駭人聽聞的事情也就發生了。據《明史．后妃傳．方皇后》記載：這天夜裡，世宗睡在端妃宮內，十六個宮女聯合起來想把世宗殺死。宮女楊金英等商量後，決定等到世宗一睡熟，就用繩索套到他的頭頸上將其勒死。講是一回事，做又是另一回事，平時只幹點雞毛蒜皮事情的宮女們一旦要做這關乎人性命的大事情，不免就六神無主了。十幾個人擠在一起，慌作一團，繩子結成死扣，無法勒緊，朱厚一度被勒氣絕，兩眼直翻白，連聲音也發不出。宮女張金蓮一看這等模樣，嚇得半死，心想看來皇帝是很難殺死的，馬上離開現場去告訴皇后，皇后帶人急忙奔跑過來，解開繩子，世宗逃過一劫。

同樣記錄這件事情的《明實錄》，事情的經過與《明史》相差無幾，十分簡單，但羅列了九名宮女的姓名，有薊州藥、楊玉香、邢翠蓮、姚淑翠、楊翠英、關梅秀、劉妙蓮、陳菊花、王秀蘭等。「薊州藥」在有的書中寫成「蘇川藥」。

殺世宗不死，但宮女們全部被抓了起來，關到刑部大獄。皇后下令連夜進行突擊審問，一定要把事情搞個水落石出。刑部主事張合將刑部審訊口供的回奏原文抄錄了下來，寫進了自己的著作《宙載》中。張合記載道：方皇后對刑部官員說：「好生打著問。」即重重地打一頓讓她們招供。一用刑，這些女人就吃不消了。常在楊金英招道：「本月十九日，王嬪和曹妃（即端妃）在東稍間點燈時分，私下在商量說：『咱們趕快下手吧，總比死在他手裡要強。』楊翠英、蘇川藥、楊玉香、邢翠蓮等在旁邊一起聽著。之後楊玉香就往東稍間走去，將細料儀仗花繩解下，一起搓成一條又粗又長的繩子。至二十二日卯時分，她將繩子遞與蘇川藥，蘇川藥又遞給楊金花，拴成一個套子，大家一齊下手，將繩子套進世宗脖子裡。姚叔皋（淑翠）掐住世宗的脖子，邊上的楊翠英說：『掐著脖子，不要放鬆。』邢翠蓮將黃綾抹布遞與姚叔皋，蒙在世宗臉上。邢翠蓮按著世宗的前胸，王槐香按著身子，蘇川藥拿著他的左手，關梅秀拿著右手，劉妙蓮、陳菊花按著兩腿，姚叔皋、關梅秀使勁地拉著繩套。邊上的張金蓮一看大事不好，跑去請皇后娘娘來。娘娘急忙奔過來，姚叔皋迎上去就是一拳。王秀蘭一看皇後來了，馬上讓陳菊花去吹滅燈。總牌陳芙蓉說：『張金英叫芙蓉點著燈。徐秋花、鄧金香、張春景、黃玉蓮把燈打滅了。』芙蓉就跑了出去叫管事牌子來，將各犯拿下了。」

世宗被勒受驚，氣息將絕，方皇后召眾御醫進行急救。平時搖頭晃腦的御醫臨事就嚇呆了，人人畏懼獲罪，不敢用藥。唯獨太醫院使許紳冒著萬死，「調峻藥下之」。因為不下藥也是死，還不如想辦法醫一下。辰時下藥，過了三四個時辰，直至未時世宗喉嚨裡發出聲響，吐出紫血數升，才能講話。因搶救有功，許紳被賜賚甚厚，但不久他就得了重病，而且難以救治。許紳自己知道患此病的根源，他對家人說：「曩者宮變，我自己想，如果醫皇帝無效，一定會被殺，因此驚悸過度，我現在的病不是藥石所能治好的。」

上述這個審訊筆錄十分詳細，從商量起事到具體的經過，描述得十分清楚。這麼多纖弱宮女齊心協力想殺死一個皇帝，在中國歷史是不多見的。那麼，宮女們為什麼不顧自己的性命要這樣做？楊金英說王嬪和曹妃曾講過「總比死在他手裡要強」指的是什麼，難道她們面臨著死亡的威脅？

一些專家認為，宮女害怕得要命的原因，必定和世宗朱厚熜煉丹藥有關。朱厚即位不久，採納朝臣的建議廢佛，下令撤除京城佛寺。但在廢佛的同時，他卻開始崇尚道教了。嘉靖五年道士邵元節受召入京，進獻「立教主靜」之說，被世宗尊為「真人」。邵元節死，方士陶仲文被授予「神宵保國宣教秀士」稱號，受到寵信。自此，他逐漸不理朝政，更加沉迷於道學方術之中。他大辦祭神儀式，大興土木建玄帝宮，連政事、刑獄也由方術決定，四方官員為了取寵只能大量進獻白鹿、白龜、紫芝之類的祥物。更多的方士如王金、陶仿、劉文彬等紛紛假造祕笈、丹藥。世宗還用虐待童女的方法來煉取長生不老藥，服食後可壯陽強身。大臣們實在看不下去了，太僕卿楊最上疏諫丹藥，竟被杖死。從當時的實際情形看，宮女們發生宮變的原因，必定是因為煉丹藥要摧殘少女的健康，甚至生命，而楊金英等之前已經看到被虐而死的其他宮女，死時十分悽慘，因而對世宗恨之入骨，為了自己的生命只能鋌而走險。這麼多宮女立場一致，必定是到了忍無可忍的地步。沈德符《野獲編》說：「嘉靖中葉，上餌丹藥有驗。」至嘉靖三十一年冬天，他下令京師內外選女孩八歲至十四歲者三百人入宮。三十四年九月，他又選十歲以下少女一百六十人入宮。少女入宮幹什麼，主要是「供煉藥用也」。有人猜測說是用宮女首次月經的經血製造「紅鉛」，用童子尿熬煉「秋石」。大量挑選宮女入宮雖是宮變之後的事情，但之前煉丹藥要用少女是可以肯定的，這些宮女很有可能在煉藥的過程中連生命也保不住。

大難不死，世宗不但沒有絲毫懺悔，相反覺得自己的死裡逃生是天地神靈的恩遇，更加變本加厲祭神求仙。他移居西內，「日求長生，郊廟不親，朝講盡廢，君臣不相接」。他整天與方士混在一起，焚修齋醮，裝扮神仙。他喜歡用道士醮祀用的青詞作諭旨，字句離奇詭異，一般人很難理解。他一心追求真正的神仙方術，到生命最後一年也沒有放棄。嘉靖四十五年冬，服食丹藥後燥性過大，世宗病死。御醫最後斷定他的死因是「體虛過燥，補救無術」，吃了丹藥，必然會發高燒。

行文至最後，還有一個問題必須注意，即誰是宮變的發動者？據前引張合的審訊筆錄，應是王嬪和曹妃。曹妃當時被封為端妃，世宗十分喜歡她。出事的那天夜裡，世宗來到端妃宮，剛和她親熱過，兩人睡在一起，說她是主謀似不太可能。一些專家認為，之所以審訊的結果她是主謀，最後把她也殺了，這與方皇后蓄意捏造有關。因為世宗寵幸端妃，方皇后失寵，遂對端妃恨之入骨。宮變發生後，整個事件的善後都是方皇后一手處理的，妒忌使得方皇后乘機把端妃也打成是主謀者之一，結果草草一審判，端妃和其他宮女都被凌遲處死。史書中記載判死刑是奉了聖旨，但據其實是方皇后的主意。明人認為宮變「妃實不知也，以寵故及於難」，這的確是事實。世宗頭腦恢復清醒後，也馬上意識到事情的真相，從此以後他對方皇后又惱又恨。嘉靖二十六年十一月，宮中失火，太監要衝進去救皇后，世宗不答應，皇后也就在這場大火中被活活燒死。

世宗心知肚明端妃是被冤死的，之後他常常覺得端妃就在眼前，越想越怕，認為是宮中鬧鬼了。他曾對閣臣徐階說：「宮變之後，內宮常有冤枉者在鬧鬼。」徐階回答說：「她活著的時候被皇帝寵幸，受了冤屈而死去，能不鬧鬼嗎？」

一場由小女子發動的宮變，就這樣夭折了。

弘光帝親審太子之謎

西元一六四四年三月李自成農民起義軍進入北京城，崇禎帝殺妻砍女，並且召來了自己的兒子讓他們各自逃命。隨著崇禎帝在煤山老槐樹上吊死去，統治了中國兩百七十七年的明王朝宣告滅亡。

崇禎帝自殺的消息傳到陪都南京，城中官員一片慌亂。一些臣僚為再樹明幟，商議擁立新君。當時思宗的從兄福王朱由崧與從父潞王朱常芳避難於淮安。按世系序次，福王當立，但福王為人昏庸。鳳陽總督馬士英認為福王易於控制，遂聯合劉孔昭等，力主擁戴福王。翰林院詹事姜日廣等人認為福王品行不端，不宜擁立，主張立較賢明的潞王。雙方相持不下，各請兵部尚書史可法定奪。

史可法到南京後，提出福王有七不可立：貪、淫、酗酒、不孝、虐下、不讀、干預有司，他也主張立潞王。馬士英聞訊，立即密約江北各總兵，致書南京諸大臣，說已傳令將士奉福王到南京即位。馬士英等握有兵權，聲勢較大，在既成事實面前，史可法無奈地同意了。

五月初一，福王至南京，百官入賀。史可法提出，崇禎太子存亡未卜，如果現在稱帝，太子一旦南來，打算怎麼辦？他不主張福王馬上稱帝。五月四日，福王上監國之位，建南明政權。十天後，福王改即帝位，以是年為弘光元年，史稱南明弘光政權，福王為弘光帝。

弘光政權建立後，極為腐敗。他們天真地幻想清兵在消滅李自成後能停止南侵，並且派使攜帶大量金銀去酬謝清軍。弘光皇帝不理朝政，天天在宮裡縱情聲色，只知道在民間選擇淑女供自己享受。

根據《明季遺聞》等書記載，西元一六四五年二月，有一少年從北方南來，經南京至杭州，住進了南明鴻臚寺少卿高夢箕的侄子高成的家中，自稱是崇禎太子朱慈。高夢箕不敢隱瞞，密奏弘光帝和大學士馬士英。弘光帝得知消息後，慌張不安，他雖然昏庸，但知道自己的皇位是怎麼得來的，如果真的太子來了，必定會危及自己的皇帝寶座。於是命太監李繼周將少年迎到南京。

李繼周在金華見到了太子，太子說：「朱由崧想把皇位讓給我嗎？」李不知道如何回答才好。太監前來迎太子，頓時在金華傳開，許多官員紛紛前去參見太子，一路上招待太子的官員接踵而至。太子到南京後，先被安置在興善寺。弘光帝十分憂慮，不知該如何處理這件事。他先派兩個原在北京皇宮裡當差的太監前去觀察動靜，想不到兩人一見太子就大哭起來。見太子衣衫單薄，就把自己身上的衣服脫下披在太子身上。太監一回來，就遭到弘光帝一頓臭罵：「太子是真是假都難搞清，就把他當成皇帝看待。就是真太子，我也不會讓位的。」兩個太監和李繼周都被祕密處死。

太子到來的消息傳到民間，引起轟動。南京百姓爭相要一睹太子的風采，官員們也想先見上太子一面，將來能有個升遷的好機會。弘光帝一看此事已無法禁止，就傳旨說太子的身分必須確認，不便見百官，把太子關進了大獄。

兵部有個官員上奏說，他知道太子的底細。太子名叫王子明，高陽人，是駙馬都尉王的侄孫，外貌酷似太子。北京陷落後南奔，遇見高夢箕家人穆虎，是穆虎讓他假冒太子來到南明的。弘光帝一聽，激動萬分，因為太子很有可能是假的，這樣他的皇位就不會出現任何動搖的機會。他馬上傳旨要親自審訊太子，這時他也有膽量讓見過太子的官員前來辨認。曾教太子讀書的劉正宗和李景濂被召到武英殿密談，在一番曉之以情動之以理後，劉正宗馬上表態：「聽說太子已經死了，這個冒出來的太子我一定能夠看出點問題的。」

大明門辨認正式開始。劉正宗拿出地圖問圖上的承華殿和坤寧宮是什麼場所，想不到太子一一回答，說是自己的東宮和皇后的住所。接著劉正宗問自己以前教的課目，太子對答如流。問題問了一個又一個，都沒有問倒太子。太子笑著說：「如果你以為我是假的，我就算是假的。我本來就不想來爭皇位，是皇伯讓人接我到京的。」劉正宗知道問不出名堂，最後對弘光帝說：「樣子很像太子，但回答的問題都不對。」

有個姓蘇的太監忽然記起太子的脛骨上有個特別的記認，一看就知是真假，連忙向弘光帝報告。這下弘光帝就不敢讓人看了，萬一是真的，就很難收場了，與馬士英一商量覺得還是讓人辨認比較好。他們想到了被關在監獄裡的方拱乾，方當年曾為太子講過一段時間的課，如果他說不是，就很有權威了。

三月初八，刑部會審太子，方拱乾前去辨認。審問官讓太子跪下，太子不答應。一個官員指著方拱乾問太子這個人是誰？太子說是方先生。方拱乾一見太子，既不敢說是假的，也不敢說是真的，因為這個人太像太子了，真假實在難辨。一個官員見到辨認失敗，乾脆直截了當地說：「你不是太子，你真名叫王子明。」太子說：「我又沒有自吹自己是太子，你們不想認也就算了，你們一年前不就是站在我父皇的朝廷上嗎？如今為什麼這樣健忘，連一個人也不相認了。」大臣們被他講得啞口無言。最後內閣官員王鐸說：「太子肯定是假的，不要再審了。」

這時，百姓間流傳開來了馬士英和王鐸要殺太子的消息，一些大臣紛紛上疏責問。將軍黃得功說：「假冒太子的結論是官員奉承皇帝的結果。是誰下結論認為太子是假的？依據是什麼？應該向天下百姓交待清楚。先帝的兒子，也是陛下的兒子，怎能關進大獄？」

弘光帝看了奏本，氣得要死，下旨燒掉黃得功的奏本，但迫於輿論只能再審太子。這次審問官員是左都御史李沾。李沾事先讓人告訴太子，要他自認是王子明。開審時，李沾直呼王子明，太子不應。李沾命人上刑罰，太子痛得大呼小叫。當年東宮伴讀的丘致中實在看不下去了，抱著受刑的太子大哭，當即被關中大獄。

外面輿論越傳越厲害，南明一些大臣對這件事也十分關注。弘光帝無奈之下只能作出對北來之人「好生護養」、「勿驟加刑」，待正告天下後再行申法的決定。太子案真假還來不及搞清楚，南明小朝廷出問題了。先是駐守在江北前線的四鎮總兵為爭奪地盤互相開戰，接著駐武昌的左良玉部以奉太子密詔「清君側」為名起兵，直指南京。弘光帝、馬士英急調各部入衛南京，無暇再理此案，使太子案不了了之。

五月十日，清軍渡江，弘光帝、馬士英連夜逃出南京。混亂中，有人擁太子登武英殿，群呼萬歲。清軍入南京，太子不知去向，有人說被清軍俘虜，有人說在亂軍中被殺。太子是真是假？當代有很多人進行了考證，有人說是偽太子，也有人說是真太子，雙方各說各的理由。其實，太子的真假不要說今天我們是難以知道，就連當時的人們也無法搞清，這早已是一個千古歷史之謎。

闖王李自成下落之謎

順治元年，吳三桂迎清兵入關。闖王李自成率領的大順農民軍受到清軍和吳三桂的攻擊，力戰後敗回北京。隨後，李自成率軍棄京西撤，經定州、真定、固關、平陽撤至西安。次年一月，大順農民軍與清軍在潼關展開激戰，雙方對壘月餘，大順軍經頑強抵抗，不敵，遂放棄西安，自陝西商洛山區退往湖北，進駐武昌。清軍水陸兩路追擊而至，李自成只得率軍從蒲圻、鹹寧南下，到達通山縣。

李自成最後的行蹤，一些史書的記載不盡相同，三百多年來引起了人們的許多爭論。尤其是新中國建立後，歷史學界對這個問題的研究文章連篇累牘。然而總的來看，關於李自成最後死在什麼地方主要有二種說法，一是湖北通縣九宮山，另一為湖南石門夾山。而關於李自成是怎樣死的，就有削髮禪隱圓寂而終，有兵敗被殺，有自縊身亡等說法。

李自成死在湖南石門夾山的說法出現於清代。乾隆年間，澧州知州何所作的《書李自成傳後》一文中，對李自成死於九宮山說進行了有理有據的分析和駁斥。然後又談到了他曾實地調查當地的老人，並且考訂史蹟，認為李自成在通縣九宮山製造了自己已死的假象，以迷惑追擊的清兵，從而脫身而去。李自成在自公安到澧州的路上，部下大部分叛去，至清化驛時僅十餘騎，最後他單獨行動，來到石門夾山寺為僧，取法號奉天玉。李自成曾自稱為「奉天倡義大元帥」，這兒稱「奉天玉」含有「奉天王」的意思。這個奉天玉死於康熙十三年。何在夾山寺旁看到了石塔，塔面寫有很大的字「奉天玉和尚」。塔前還有一碑，是他的徒弟野拂所撰。何曾碰到一個服侍過奉天玉的帶有陝西口音的和尚，和尚出示過一張奉天玉的畫像，與史書中記載的李自成的模樣很相像。而且何還懷疑，像野拂之類的人，說不定就是當時逃散的農民起義軍。此後在一些筆記，如《小腆紀年》、《廣虞初新志》等書中都曾引用過何氏提供的這一史料。今天在《澧州志林》上，還載有何賦《題奉天玉和尚塔院》七律一首。

民國初年，這種說法得到了一些人的支持。如國學大師章太炎就力主夾山說，他在《李自成遺詩存錄》和《再書李自成事》兩文中，對《明史》和《永曆實錄》關於李自成死於九宮山之說作了系統的駁斥，提出了不可相信的六點理由。為此他還親自到夾山實地察看，找到了李自成寫過的五首《梅花詩》。此後陸續有人支持此說。作家阿英曾將李自成在夾山出家為僧一事寫進劇本《李闖王》，並在附錄中作了詳細的考證。

中共建政以後，許多湖南學者力主夾山說。西元一九五二年，乾隆年間在夾山寺看到的奉天玉和尚塔和野拂和尚所立的碑被人發現。野拂斷碑上，有「況值戎馬星落」一詞，看出奉天玉不是一個一般的和尚，與李自成的身世和身分相當。碑中還有句為「子門徒已數千指中興」，這些人可能是李自成的殘部，隱藏在夾山的寺廟中。西元一九五一年，奉天玉徒眾所居的洛浦寺第十代僧松定，曾向縣文化館上交奉天玉和尚木像一尊和牌位一塊。據松定說，這是闖王的像，是依照夾山寺奉天玉畫像雕刻的，具有闖王的面貌特徵。西元一九八〇年。在修整夾山寺大雄寶殿時，在西牆擱梁處發現了《梅花詩》木刻殘版一塊，證明當年章太炎在《李自成遺詩存錄》中的記載是有根據的。石門縣有一位種過夾山寺廟田的老人還具體指證了在夾山寺的西坡有一大土堆，相傳就是李闖王的葬地，經發掘，果然發現了奉天玉的葬地。在夾山的地下發掘到的文物還包括「永昌通寶」銅幣，刻有「永昌元年」字樣，而永昌是李自成大順政權的年號。在夾山寺周圍地區，群眾中流傳著大量的有關李自成行蹤和禪隱的傳說。

一些學者分析了李自成為什麼要禪隱於夾山的理由。這是因為夾山地區處於澧陽平原進入武陵山區的門戶，既有江湖交通之便，又有退避隱匿之地，兩峰夾峙，形勢險要。李自成曾到過澧州，對這一帶十分了解。其次在清雍正八年改土歸流以前，夾山一帶均屬土司管轄範圍，是清朝統治的薄弱環節，有較大的迴旋餘地。西元一六四三年三月，李自成部陷常德時，曾得到澧州土司的幫助。李自成起義後，主要在長江以北活動，北方幾省認識他的人太多，自然不宜他逃禪隱匿，而湘西一帶，認識他的人很少，只要深居簡出，是可以隱藏得住的。

李自成隱居的目的，在最初禪隱時，他的舊部尚在，轉戰於湘、鄂、川、桂一帶，似有東山再起的意圖。但後來主要部將相繼敗亡，南明也已覆滅，清朝統治已經鞏固，他仍興寺聚徒，壯心未已，但終難重振金鼓，再舉義旗，也就只好隱逸禪林，就此終老了。

夾山說受到了主張九宮山說學者的批評。有人認為奉天玉不是李自成，何所述不可靠。學者張國光甚至提出了何的說法有八點不可信的理由，最後他認為「何之說一無可信」，「何文純係編造」。也有人指出，《明史》說李自成「狀貌猙獰」，崇禎十四年在戰爭中左眼中箭，被人稱為「瞎賊」，而今天見到的奉天玉畫像的左眼睛沒有任何問題。夾山寺中的《梅花詩》也很難斷定就是奉天玉的作品，當時僧人中才思橫溢的人也不少。在經過研究後，他們發現奉天玉是順治年間從四川雲游到石門夾山寺的雲游和尚，也有人說他是明朝遺臣，野拂和尚不是起義軍中的一員武將，而是明朝原來的官員。西元一九九六年七月，中國社科院歷史所專門成立了課題組研究李自成最後的下落，對涉及李自成的實錄、檔案、方志、筆記野史等所有材料進行了分析，並實地調查，最後研究成果由一九九八年遼寧人民出版社出版，書名為《李自成結局研究》。書中比較一致的意見是奉天玉和李自成是不同的兩個人，出土的文物確鑿證明了奉天玉這個人的存在，但並不能證明李自成同時期也活著。

李自成下落的另一說法認為李自成死於九宮山。當李自成殘部到達通山縣時，他令部下率軍先行，自率二十餘騎斷後。五月，行至湖北、江西交界處的九宮山時，李自成率兵登山觀察地形，不意遭到襲擊，寡不敵眾，遇難犧牲。這種說法影響較廣，目前出版的一些工具書大都採用這種觀點。

李自成死於九宮山的記錄最早見於清靖遠大將軍和碩英親王阿齊格向清廷的奏報和南明兵部尚書何騰蛟給唐王的奏報。阿齊格窮凶極惡地將李自成追至九宮山下，在激烈戰鬥後，他聽說李自成已經死了。他的奏報是這樣寫的：「賊兵窮竄九宮山，隨於山中遍索自成不得」，「有降將及被擒賊兵，俱言自成竄走時，攜隨身士卒僅二十人，為村民所困不能脫，遂自縊死。因遺素認自成者，往認其屍，屍朽莫辨。或存或亡，俟就彼再行察訪。」照阿齊格的講法，李自成是自縊而亡，死的地點是九宮山。何騰蛟給唐王的奏報中也說：「（清兵）斬自成於九宮山，以週二南死，失首級。」

此後的一些史書，都很具體地說明李自成到九宮山後，隊伍散亡，李自成被鄉民所殺，不過被殺的具體過程是有所差別的，地點也略有不同。如有認為是鋤擊而死的。《聖武龍興記》云：「閏六月，賊晨起離走大隊，以十餘騎入禱九宮山，為鄉民所鋤。」《續九宮山志》也說：「自成斃於九宮山鄉人之鋤擊。」《武昌志》也贊同此說。有認為是弩銃擊斃的。《弋闖志》說闖王「須臾奪路，猝遭弩銃擊斃。九百剽其首，盡得劍騎、纓盔、龍袍、佩玉，獻於督憲軍門佟。」有認為是為神所殛。《續九宮山志》在另一處說李自成在羅公山見到上面有玄帝廟，「賊見帝像，伏不能起」。《小腆紀傳》也有類似記載。有認為是亂刃砍死的。《江夏縣誌》說李自成至通城，「以二十八騎登九宮，為窺伺計，鄉兵四起，亂刃誅之」。有認為用鏟殺死的。《荒書》中說自成在九宮山遭到山民伏擊，隨行十八騎被打散。程九伯與自成手搏，被自成壓在屁股下，抽刀欲殺。九伯大叫，他的外甥聽到後用鏟殺自成，但當時不知他就是闖王。《明史》根據阿濟格的奏報，認為是自縊而死。從被殺地點而言，有通城、通山縣九宮山、通城羅公山等。

郭沫若在《甲申三百年祭》中認為李自成死於通城縣，西元一九五五年他又到湖北通城縣為李自成墓題詞，當時的學術界也比較認同，並在通城縣郊修建了闖王陵。新中國成立後，學術界曾掀起了一場李自成葬身地的討論，後郭沫若註銷了通城說，李文治等撰文考訂李自成最後死於通山縣九宮山。郭沫若表示贊同，有關部門在通山縣九宮山牛跡嶺下修了闖王陵。一九八〇年代，人們在通山縣新發現了《朱氏宗譜》、《程氏宗譜》，為李自成死於九宮山提供了新的佐證。有學者研究後認為，李自成被殺地點是九宮山牛跡嶺小月山西坡，經實地考察，發現當地的地名、地理環境和居民點分布等，與文獻史料記載基本吻合。

當然也有人認為李自成可能犧牲於通城縣九宮山，該山在縣城南五里左右的桃花源洞北，上有九宮廟。但李自成的確沒有到過通城，當地縣誌僅有大順軍諸將領進入縣境的記錄。

反對九宮山說者認為《程氏宗譜》矛盾殊多，不足為據。《程氏宗譜》有二種版本，均修於民國年間，而且年譜中記述的時間有誤，被害人是「李延」而不是李自成。他們指出九宮山說有許多可疑之處。阿濟格和何騰蛟，一個在武昌，一個在長沙，關於李自成的死訊都是從降卒嘴裡聽來的。阿濟格沒有交上首級以驗明正身，因為已「屍朽莫辨」，所以受到其上司的斥責。當時有許多官員表示出了自己的懷疑，如鄭命壽出使朝鮮，朝鮮國王問起李自成的下落，鄭命壽說李自成變服而逃了。很可能是阿濟格等人為了邀功，聽信謠傳後作的斷定。何騰蛟的報告在南明王朝中引起了一場軒然大波，宰輔、御史等紛起而揭破何的奏報是不可靠的傳聞。有御史說：「且自成或死或生，或死於吳三桂之追兵，或死於鄉團之棒擊，俱不可知。萬一殺自成者他日且以首獻，臣不知騰蛟之何以自解？且萬一自成未死，而他日更出沒於他所，臣又不知皇上之何以收反汗也。」學者認為，程九伯所殺者，從未自認是李自成，可能他是殺了李軍的一個部將，與李自成無關。

那麼當時為什麼會出現李自成死亡的流言？有人認為那是軍事策略和政治策略下的產物，只有這樣，清軍才會認為李自成全軍潰敗了，而大順軍就可贏得在洞庭湖東西兩岸集結休整同南明將領談判聯合抗清的時間，同時可與南明軍順利達成妥協和聯合，爭取合法地位。不過持九宮山者認為李自成隱居幕後，指使所部投降南明之說根本不可信，僅是有關學者在憑己意猜測。

有的學者對大順軍的撤退路線作了詳細的考察，認定當時大順軍的主力部隊沒有經過九宮山，占領通山縣的僅是大順軍的一支小部隊。

李自成的最後下落，各書記述上不同的地方有很多，湖南的學者比較主張是石門夾山，湖北的學者大多認為是通山縣九宮山，雙方各根據了許多資料。這個謎案一點一點的揭開，的確花費了人們大量的時間，並且仍有繼續探索的餘地。

努爾哈赤死因之謎

清太祖努爾哈赤是一位女真族的傑出領袖。他是後金汗國的建立者，傑出的政治家和軍事家。在他的努力之下，原本分散的海西、建州、黑龍江等各個部落逐漸統一起來。他創建了八旗制度，使女真的經濟、文化有較快的發展，為清朝進兵關內統一全國打下了堅實的基礎。這樣一個偉大的人物，關於他去世的原因卻有好幾種講法，成了歷史研究中的一個疑點。

長期以來，關於努爾哈赤的死因，最為多見的是講他在攻打寧遠（今遼寧省興城縣）與明朝軍隊的作戰中為明軍炮火所擊，身負重傷，不治而死。最早提出這個看法的是日本一個叫稻葉君山的學者，他根據朝鮮使團翻譯韓瑗在明軍戰場上見聞的記載，認為女真在攻城時，遭到了明朝袁崇煥指揮的士兵頑強抵抗，當女真人沖到城牆腳下時，明軍一齊放炮，只見炮火中女真人人馬騰空，土石俱揚，死傷無數，努爾哈赤也身負重傷，回去後憂恚而死。這種觀點得到了許多人的認可，在一九五〇、六〇年代出版的一些歷史書中都贊同這種觀點。

但也有人持不同的看法。孟森早在一九三〇代就認為清太祖死於寧遠之戰是不確切的。他翻檢了大量原始資料，認為在一些主要的史書中均不記載努爾哈赤中炮受重傷的事情，相反在《通紀輯要》中談到努爾哈赤是「疽發背死」。不過他的這篇文章直到一九八〇年代才發表出來，所以這種觀點到一九八〇年代以後受到了大家的重視，得到戴逸、商鴻逵、李鴻彬等學者的支持。他們認為努爾哈赤與袁崇煥率領的明軍作戰是在西元一六二六年的正月，多次攻寧遠不勝，於二月回到瀋陽。五至六月間還有對朵顏三衛用兵及與科爾沁結盟的事情，活動較多，說明他根本沒有受傷，更談不上受重傷。他患的病當時也稱為「肉毒病」，即俗稱的「搭背瘡」，一種毒瘡，是老年人的危難大症，在當時的醫療水準之下是極難治癒的。時年努爾哈赤已六十八歲，得這樣的病是十分危險的。寧遠戰敗，是對明戰爭以來的第一次挫折，而且損失巨大，他心中極不高興，整日情緒鬱忿，這都可能是他的發病原因。這年八月十一日，疽發而死，葬於瀋陽福陵。

持這種觀點的學者對受重傷的說法進行了駁斥，認為是否有韓瑗這個人，即使有這個人，他是否親眼見到努爾哈赤受傷，都是值得懷疑的。既然朝鮮譯官在寧遠戰鬥中是在明軍最高將領袁崇煥的身邊，而袁崇煥還帶了他到後金陣地上進行察看，那麼譯官看到的戰況袁崇煥本人應該更加清楚，但努爾哈赤身負重傷這樣一個對明朝而言極為重大的勝利，對明朝上下來說照例應該大書特書，以激奮軍民的情緒和保衛遼左的決心，為什麼袁崇煥本人屢次給朝廷的報告中並沒有提及，朝臣們慶賀寧遠大捷的奏疏中也隻字不提？再者，從寧遠敗退到死去共八個月的時間，努爾哈赤根本沒有醫治療傷，相反去試演火器，挑選軍士，準備再次進攻寧遠，這樣的活動，絕對不是身受重傷的病人能做的事情。清朝最早的一部原始資料《滿文老檔》和《清太祖實錄》都說努爾哈赤死於疾病，並沒有說他受了重傷。

到底是病死還是受傷而死，上面二種觀點都是各說各的。這時又出現了第三種看法，認為受重傷是事實，但後來轉化成癰疽。他們認為這場戰爭中，努爾哈赤率十三萬大軍攻打寧遠，但想不到袁崇煥明軍的抵抗空前頑強，而且發射西洋大砲，使後金死傷慘重，努爾哈赤自己也身受重傷，被迫解圍而退。努爾哈赤一向用兵謹慎，從不輕易出戰，一定要有勝利的把握才發動進攻，尤其是對明軍作戰，每戰必勝。原本以為寧遠城是用不著花費多大力量就能夠占領的，但他過低估計了敵人的力量，以致挫敗。這一仗的失敗，完全出乎他的意料之外，對他的刺激很大，他恚憤交集，百思不得其解。這年八月，他創傷未癒，又突然得了癰疽，這才是他真正的死因。這種觀點把受傷與憂憤成疾連到了一起，實際上是上述二種看法的折衷。

由於袁崇渙部將周文郁《邊事小紀》這樣的可信度較高和可以直接徵引的史料在記錄寧遠之戰上出現了闕文，《滿文老檔》這樣的原始資料僅說是得了病，但語焉不詳，這使得關於努爾哈赤死因的直接記載比較缺少，而我們得出的觀點大多數是根據轉手資料，產生不同看法在所難免，因此這個謎底至今還是無法解開。

努爾哈赤大妃殉葬之謎

努爾哈赤共有后妃十四位，最寵愛的有二位。一位是皇后，她是葉赫部酋長楊吉努的女兒，皇太極的母親。西元一六〇三年，她年僅二十九歲就病死了。另一位是大妃納喇氏，名阿巴亥，烏喇貝勒滿泰女，出生於西元一五九〇年，十二歲時就嫁給努爾哈赤。孝慈皇后死後，她被立為大妃。大妃人長得很漂亮，在眾妃子中最為努爾哈赤寵幸。儘管二人年齡相差有三十歲，但大妃還是為努爾哈赤生了三個兒子，即十二子阿濟格、十四子多爾袞和十五子多鐸，另外又收養了努爾哈赤之弟舒爾哈赤的第四子多羅恪喜貝勒之女。西元一六二六年努爾哈赤死，大妃在本人並不願意的情況下，被迫殉葬。如此漂亮年輕的妃子，按理說努爾哈赤是不會殘忍到讓她活殉的，那麼大妃到底為什麼要殉葬呢？

許多人認為大妃殉葬的原因是出於努爾哈赤的遺囑，因為此前大妃的一些作為，引起了努爾哈赤的強烈反感。努爾哈赤在立大妃以後的年月裡，南征北戰，一方面和明朝作戰，一方面統一東北各部，無暇顧及宮內事務。這時的大妃烏喇納喇氏正當青春年華，不甘宮中寂寞，與比她大六歲的努爾哈赤第二子代善產生了愛情，私下來往甚密，有時甚至深夜二人仍眷戀不歸。這件事後來被努爾哈赤的一個叫代因扎的妃子告發。據《滿文老檔》記載，代因扎的告發內容有：「大妃曾兩次備飯送給大貝勒（代善），大貝勒接受後吃了。另外，大妃有時一天會二、三次派人到大貝勒家，自己在黑夜裡也有數次外出。」如此這般一說，也引起了各貝勒和大臣們的共鳴，紛紛說道：「每次我們在大汗家裡商量國事時，大妃總是盛裝打扮，披金掛銀，兩眼直愣愣地看著大貝勒，兩人互送秋波。」努爾哈赤聽後，十分惱怒，對大妃的不安分十分反感，但若聽了這些人的話而追究這件事，那麼家醜必定外揚，對自己來說絕不是一件光彩的事，定會有損聲威，而且自己又不想加罪代善，只能隱忍不發。

不久，大妃又被人告發私匿財物，努爾哈赤派人一查，還確有其事，查出的綢緞、銀子還真不少。努爾哈赤罵大妃說：「你這個人心存奸詐、險惡，是個心狠虛偽的賊徒，人間所有的兇殘心腸，你都具備了。你不愛自己的丈夫，卻背著我去愛別人，這樣的人不殺掉還有什麼用？」努爾哈赤殺大妃的心思在這時已經產生了，但當時顧慮到三男一女四個孩子還小，不忍心讓他們從小失去母親，所以才免其一死，將她廢黜。但又令周圍的人讓他們看護孩子，不準孩子接受大妃的東西，聽她的話。

西元一六二六年，努爾哈赤臨死時，下遺囑說：「大妃這個人心懷嫉妒，常常使我過得很不開心，人雖機智聰明，但如果留著必定會作亂。我已給各位貝勒遺書，待我死時讓她殉葬。」大妃不想死，求各位貝勒，貝勒們不答應。在各位貝勒的逼迫下，大妃無計可施，穿戴好衣服，只能自盡以身殉葬。臨殉葬前她對諸貝勒哭訴道：「我從十二歲以來就事奉先帝，錦衣玉食了二十六年，我實在不想離開他，所以與上同殮。我的二個小兒子多爾袞和多鐸希望各位多多照顧。」大妃死的時候，多爾袞只有十五歲。

努爾哈赤死時到底有沒有這個遺囑？除了日本傳鈔的《三朝實錄》記載外，其他史書並沒有具體記載。從今天來看，即使有這樣一個遺囑，這個遺囑是不是努爾哈赤本人的真實想法，仍是值得懷疑的。所以，很多人推測大妃殉葬恐怕另有隱情。

許多人認為，大妃實際上是皇權爭奪的犧牲品，大妃殉葬是被皇太極逼迫的。早在努爾哈赤建立後金政權時，立八固山王分掌兵權，八固山王中就有代善、皇太極。當時諸王各擁重兵，互不相下。對汗位的繼承，更是虎視眈眈。之後，代善、皇太極等四大貝勒因佐理國政，權勢更大。四大貝勒中，代善和皇太極是汗位的最有力競爭者。這二個人戰功都很卓著，但代善為人寬厚，而且居長（努爾哈赤長子褚英早喪），其地位比皇太極更為優越。在這樣的情況下，皇太極就千方百計想陷害代善。當代善和大妃兩情相悅時，皇太極怎能放過這個大好時機？至於背後指使、布散流言蜚語等等更是可想而知。那個告密的小妃子，如果背後無人指使，怎麼有膽量與努爾哈赤最寵愛的大妃叫板？

皇太極為爭奪汗位，只有將大妃及代善均打擊下去，自己才能爬上汗位，所以他的一箭射去，不僅大妃被廢，而代善也名譽掃地，更為重要的是離間了代善與努爾哈赤的感情，讓他這個孝慈高皇后所生的兒子在父親眼中地位更重。

然而大妃被廢一年多後，又復立為大妃，這主要是大妃的確有可愛之處，努爾哈赤捨不得割愛，而且時間一長，發現她也沒有什麼大過。在代善勢力的下降過程中，皇太極的權勢在日益增大，忽然大妃又被立，皇太極是十分不願意看到的。恰巧這個時候努爾哈赤駕崩，大妃就成了皇太極繼位的唯一障礙。滿族確有用活人殉葬的習慣，卻沒有汗死後必定要讓皇后和妃子殉葬的成例。至於努爾哈赤遺囑中講大妃的一番壞話，更沒有必要，純屬是皇太極矯詔而逼迫大妃致死。這時的代善，已是愛莫能助，剩下大妃孤兒寡母，也就只能任人宰割。三十七歲的大妃殉葬的確不是自願，純係皇太極逼迫所致。

與大妃同時殉葬的還有二個庶妃，一為阿吉根，另一為代因扎。代因扎就是當年告發大妃與代替有曖昧關係的那個人，告大妃與皇太極指使有關，現在也被令殉弊，應該是皇太極怕日後事情敗露，藉機殺人滅口，她成了皇太極皇權鬥爭中的真正殉葬品。

皇太極嗣位之謎

西元一五九二年，清太宗皇太極出生，他是努爾哈赤的第八子，母為孝慈高皇后。史書上說他儀表奇偉，聰明過人，臉色紅潤。西元一六一五年，努爾哈赤將最初設立的黃、紅、藍、白四旗擴建為八旗，二十二歲的皇太極為正白旗主旗貝勒。第二年，後金建立，努爾哈赤令四大貝勒共理政務，皇太極是四大貝勒之一。四大貝勒每月一人輪流值事，共同處理國家大事，權勢顯赫。他常隨太祖征討，運籌帷幄。西元一六二六年，努爾哈赤死，大貝勒代善以皇太極才德冠世，與其他貝勒一起請皇太極嗣位。皇太極推辭再三，但眾人繼續堅請，他只得遵從眾人的意思，在瀋陽即位。西元一六三六年，他改國號為大清，改族名女真為滿洲，自稱寬溫仁聖皇帝。可以這樣說，努爾哈赤是清朝的開創者，而皇太極是清朝的奠基人，他是清朝開國過程中極為重要的人物。

問題是後代的人們對皇太極的繼位有許多疑點，大貝勒代善為什麼自己不即位而非要拉其他人一起請求最小的皇太極登基？皇太極自己說是不能違反眾人的意願而勉強嗣位，這樣的一套做法是否有過分做作的嫌疑？對此，許多人見仁見智，提出了不同的看法。

女真族選擇繼承人與漢人不同，漢族的嫡長子繼承製並不為他們認同，誰有才能，誰就有可能得到汗位。努爾哈赤最初挑選的繼承人是長子褚英。褚英十八歲時因作戰勇敢被封為洪巴圖魯，即大勇士的意思，深受努爾哈赤的器重。二十七歲時封為阿爾哈圖．土門，意為有謀略之人，實際上是努爾哈赤讚賞他善於動腦子。不過，褚英性格急躁，年輕氣盛，在處理日常事務時得罪了不少人。不久，眾貝勒及大臣有意發難，一再在努爾哈赤前說他的壞話，努爾哈赤漸漸對褚英有了看法。有口難辯的的褚英焚表告天，訴說自己的冤情，又被人告發是在咒詛努爾哈赤，不明就裡的努爾哈赤於西元一六一三年憤然下令處死褚英。這樣一來，皇太極就有了繼位的問題。據朝鮮史籍《魯庵文集》說：「老汗臨死前說：皇太極能完成我的意願。」如此說來，皇太極的即位是努爾哈赤的意思，是順理成章的。

不過有一種觀點認為皇太極的繼承汗位並不是努爾哈赤的意思，而是由諸貝勒共同推舉的。努爾哈赤在褚英死後，未立嗣子，但確立了八旗制度和四大貝勒共理朝政的制度，即汗位的人必須由諸貝勒共同推薦。努爾哈赤死的當天，代善長子勸代善說：「四貝勒（指皇太極，皇太極在四大貝勒中年齡最小）才德冠世，特別得到先帝的看重，而且眾人對他也誠心悅服，他應該繼大位。」代善認為確是如此。第二天，諸貝勒議事時，代善提出動議，請皇太極即位，各位貝勒也表贊同。中間確有相互推讓的局面，皇太極前後有三天不同意即位，而代善等人硬是拉著他登上了汗位。與各個時期刀光劍影的爭搶形成鮮明對比的這種推舉，並不是不可置信的，而是極有可能的。因為後金民族崇尚武功，而皇太極從小就出征打仗，努爾哈赤曾經說過：「皇太極將來是父兄的依賴，就像身體上一定要有眼睛一樣。」這樣看來。皇太極的軍事才能確是超過其他人，謀略、威望也是在其他人之上。代善在諸貝勒中的資格最老，他一推舉，其他人跟著呼應，才能卓著的皇太極就被推舉了出來，這並不足為怪。

也有觀點認為皇太極的汗位是從多爾袞手中搶來的，著名清史專家戴逸先生就持這種看法。朝鮮著作《春坡堂日月錄》說：「努爾哈赤臨終前，對代善說：九王（指多爾袞）應該繼位，但他年紀很輕，你可以當攝政王，以後傳位給九王。代善認為這可能會使他人認為自己有奪位的嫌疑，遂立皇太極為汗。」蔣良騏的《東華錄》記載了多爾袞自己的話也說「太宗文皇帝之位原系奪立」，意指皇太極是篡奪汗位的。一些人由此推斷皇太極為了從幼弟多爾袞手中奪汗位，不惜讓多爾袞的母親大妃納喇氏殉葬。持相反觀點的人認為努爾哈赤痛恨多爾袞的母親，多爾袞年紀又這樣小，他無論如何是不會被立為繼承者的，這恰恰是多爾袞在為自己後來的「擅作威福」尋找理由。皇太極繼位後，對多爾袞這個小弟弟關心有加，盡力提拔，兩人之間感情深厚，奪位之說是無從談起的。

也有觀點認為無論是多爾袞還是皇太極，都不是努爾哈赤生前立的嗣位者，皇太極之所以能登上皇帝，是他透過激烈爭鬥，力克競爭對手而得到的。四大貝勒之間，二貝勒阿敏是努爾哈赤的侄子，曾參預其父舒爾哈齊的叛亂；三貝勒莽古爾泰，生母因為偷藏金帛被處死，自己生性暴躁，不得人心；大貝勒代善最有競爭力，但由於與納喇氏的關係，被皇太極使了計謀，讓他在努爾哈赤前失去了信任，所以實際上皇太極是奪了代善的汗位。

這最後一種觀點，實際上還是比較可信的，因為皇太極用貶低他人的辦法取得了汗位，而即位後，不敢大意，又用盡心計對付三大貝勒。努爾哈赤規定的四大貝勒輪流執政，至皇太極時，因三大貝勒都是兄長，朝賀時，他們和皇太極都南面並坐，實際上仍是共同執政。西元一六二九年，皇太極以三大貝勒輪月執政，實在不好意思太辛苦三位兄長，讓三大貝勒以下諸貝勒每人都按月理事，實際在削弱三大貝勒的權力。稍後，又設八大臣、十六大臣與諸貝勒共同議政。二貝勒阿敏因征朝鮮後不想回來，被皇太極歷數十六大罪狀幽禁起來，西元一六四〇年死於幽所。三貝勒莽古爾泰在朝廷裡與皇太極發生爭吵，又拿出刀在手裡擺弄，被削貝勒名號。不久又改各大貝勒朝賀時與皇太極並坐的體制，僅皇太極一人南面中坐，莽古爾泰憂憤而死。代善因為宴請了莽古爾泰的妹妹，使皇太極大為震怒，代善幾乎被削去貝勒名號。其他各旗貝勒人人震恐，只得服從皇太極的威勢。代善的存在本身就是對皇權的危脅，西元一六三五年，皇太極宣布了代善的四大罪狀，革去貝勒名號，削奪職位。至此三大貝勒全部清除。

西元一六三六年，皇太極被擁立為皇帝，定國號為清。

皇太極莊妃下嫁之謎

西元一六一三年，蒙古科爾沁部博爾濟吉特氏貝勒寨桑生下了一個女兒。當她十三歲時，努爾哈赤第八子皇太極練兵路過寨桑部落，發現她特別漂亮，馬上派人送上聘禮，要求寨桑將女兒許配給他。當時的後金聯合了蒙古各部落反對明王朝，所以鼓勵後金貴族與蒙古貴族通婚。皇太極原已與寨桑的妹妹為婚，但婚後多年不育，漸漸對她開始冷淡。小博爾濟吉特氏在他的兄長吳克善台吉伴送下到達後金後，皇太極十分寵愛她，先後生育了三個公主。西元一六三六年，皇太極改號稱帝，封博爾濟特氏為永福宮莊妃。西元一六三八年，莊妃生皇九子福臨，即日後的順治帝。福臨即位後，尊為皇太后。孫玄燁嗣位，尊為太皇太后。死，謚號孝莊，史稱孝莊文皇后。

這位孝莊太后，人極其漂亮，又聰明能幹，頗有謀略。傳說西元一六四一年清軍圍攻錦州城，崇禎帝派了薊遼總督洪承疇率大軍十三萬馳援，後被圍困在松山城。第二年三月，城破被俘。皇太極派出多位滿漢大臣勸降洪承疇，洪只是大罵，至後來乾脆不吃不喝，只求速死，以身殉國盡忠。但洪承疇有一個弱點，特別好色，皇太極知道後，馬上派莊妃穿上漢族服裝前去軟化洪承疇。在風姿綽韻的莊妃一番勸說下，洪承疇再也守不住自己的堅強意志，第二天就投降了清朝。

西元一六四三年，皇太極突然去世，莊妃痛不欲生，願以身殉，但諸王貝勒大臣皆認為子女年幼，不能沒有人撫養教育，合辭力勸。皇太極死前沒有立繼承人，這時諸王兄弟都有窺視皇位的念頭，其中皇太極弟弟睿親王多爾袞和皇太極長子肅親王豪格最有力量。然奇怪的是多爾袞沒有自立，而是立莊妃年方六歲的兒子福臨為帝，自為攝政王。

福臨即位後，多爾袞的權勢不斷擴大，想做皇帝的念頭也日益增強。西元一六四四年，他率軍攻占北京，明朝百官對他山呼萬歲，關內外只知有攝政王而不知有皇帝。四個月後，孝莊與順治也來到北京，發現這時的多爾袞大權獨攬，廣樹親信，排斥異己，北京城成了多爾袞的天下。這種形勢之下，福臨的皇位岌岌可危，於是孝莊皇后按照滿族父死則妻其後母、兄死則妻其嫂的習俗，紆尊降貴，下嫁給多爾袞。透過下嫁來籠絡和控制多爾袞，鞏固福臨的地位。這個政治婚姻一定程度上造成了延緩與阻止多爾袞奪位稱帝的作用，使多爾袞至死也沒有登基。

在正史中，孝莊下嫁是沒有明確記載的，因此許多人對下嫁之說十分懷疑。一九三〇年代，孟森發表了《太后下嫁史實考》，認為根本不存在下嫁的事實。他考證了許多資料，從而推斷道：「既未下嫁，也並無曖昧。」也有人認為，多爾袞之所以皇太極死後沒有自立，主要是自立的條件不太成熟，八旗中的兩黃旗只效忠皇太極，並不肯讓皇權旁落。多爾袞立福臨，既可以堵住別人的嘴，又可以隨時將他廢掉。多爾袞占領了北京後，先後為自己加封了「皇叔父攝政王」、「皇父攝政王」等尊號，控制了朝廷的軍政大權。他將競爭對手豪格下獄迫害致死後，將豪格的妃子收為己妃，還派人到朝鮮挑選王族的女子為妃。在當時的情況下，一些明朝遺民對清朝統治者懷有深刻仇恨，部分清朝大臣對他也十分不滿，多爾袞迎娶豪格妻子的事，很快就被輕而易舉地改成娶皇太后，成為太后下嫁攝政王。後來的許多歷史文學小說如《清稗類鈔》、《清史演義》等都據此演繹，以訛傳訛，孝莊皇后下嫁小叔子多爾袞的事儼然成了歷史事實。

更多的人認為，孝莊下嫁是可能的。按滿族習俗，下嫁小叔是可以接受的，只是後人因受了漢人的影響，覺得這樣做不太體面，所以就把史書中相關的內容全部毀掉，使得人們無法從正史上得到歷史真相。清人蔣良騏《東華錄》說多爾袞自稱「皇父攝政王，又親到皇宮內院」，既稱皇父，又深入內院，顯然是把皇后當作了妻子，把福臨當作了兒子。如果太后沒有下嫁，太后和皇室親王貝勒是萬萬不能接受的。《皇父攝政王起居注》一書後有劉文興的跋，談到他父親劉啟瑞奉朝命在庫房裡翻檔案，找到了順治時太后下嫁皇父攝政王的詔書，這可以說是最有力的證據。孝莊皇后死時，對康熙說：「太宗皇帝安葬已久，他的梓宮也有很長時間沒有動過了，不可為我而去打開。我心裡想著你們父子兩人，不想遠離你們，一定要在孝陵的附近為我找一塊地方安葬，這樣我也心滿意足了。」這樣的做法明顯違反清朝的喪葬制度，實際上是她有難言苦衷，因為有了下嫁多爾袞，再與皇太極合葬就不合情理了，所以康熙只得把她的靈柩停放在東陵，雍正時才葬入東陵地宮。

南明魯王大臣張煌言聽說這件事後，曾譏笑清廷的悖德亂倫，有《建州宮詞》說：「春宮昨進新儀注，大禮躬逢太后婚。」又說：「椒寢夢迴雲雨散，錯將蝦子作龍兒。」暗示順治帝不是龍種。因為多爾袞母親死後，哥哥皇太極收養他在宮中。孝莊進宮時，僅比多爾袞小一歲，難保兩人以前沒有曖昧關係。多爾袞決定立福臨為帝，可能也是基於這個原因。

其實，孝莊是否風流、是否下嫁並不重要，重要的是我們應該注意到這位偉大的皇后在多爾袞死後，是怎樣精心輔助十三歲的順治開始親政；順治死後，她又是怎樣全力輔助康熙主政。她的一生經歷了清初三朝政局的變化，她對清王朝的建立和統一全國大業都造成了一定的積極作用。

順治沖齡稱帝之謎

西元一六四三年，皇太極突然「無疾」而崩。由於生前並未指定誰是嗣位者，新皇帝的人選一下子變得十分敏感。

如果按漢族人的通常習慣，當然繼位者應該是豪格。皇太極有十一個皇子，豪格年齡最大，時年三十四歲。他早年隨皇太極四處征戰，立有戰功。皇太極稱帝時又晉封為和碩肅親王，與他的叔叔阿濟格、多爾袞、濟爾哈朗等並列於朝。豪格得到皇太極所領的兩黃旗部下親信大臣索尼、圖賴等人的支持，實力較強。皇太極其他的兒子如葉布舒、碩塞等年僅十五六歲，既無戰功，又無地位，高塞、福臨等僅是小孩子一個。從表面上看，豪格繼位是理所當然的事情。

皇太極的兄弟們中，也有多人垂青皇位，如睿親王多爾袞、英親王阿濟格、豫親王多鐸等。這些人中，努爾哈赤的十四子、皇太極的異母弟多爾袞權勢最強，戰功居多，他的正白旗是八旗中最精銳的部隊。他的同母兄弟阿濟格、多鐸及其他一些諸王貝勒，看看自己沒什麼大希望，都願意他繼位。

兩個最有實力的人都看中了帝位，並且各不相讓，一場宮廷動亂隨時會發生。皇太極死後第五日，多爾袞到三官廟，召索尼討論冊立的事情，實際上想摸個底。索尼說：「先帝有皇子在，一定要立其中的一個，其他的我就不知道了。」把多爾袞頂了回去。這天晚上，圖賴也到索尼處商量，認為一定要立一個皇子，並定下了用武力決鬥的計劃。第二天天剛亮，兩個黃旗的大臣一起集中到大清門，命令兩旗士兵張弓搭箭，將宮殿包圍起來，然而帶兵來到崇政殿。諸王大臣列坐東西兩廡，索尼等搶先說一定要立皇子，因皇子中豪格希望最大，實際上想立豪格。多爾袞讓大家先退一步，自己和阿濟格、多鐸商量該怎麼辦。多鐸等勸多爾袞即帝位，多爾袞猶豫不決。多鐸說：「如果你不想當，就應該立我，因為先帝的遺詔中有我的名字。」多爾袞說：「豪格在遺詔中也有名字，不單獨是你。」多鐸又說：「如果不立我，按年齡當立禮親王代善。」代善說：「如果睿親王自己當皇帝，那是大清國的福音。如果不即位，就應該立一個皇子。我老了，不能勝任皇位了。」

面對一觸即發的險境，多爾袞儘管自己很想登上皇位，但從大局出發，果斷決定自己不立為王。但是在不能自立為王的情況下，又玩弄起權術，在諸皇子中想選一個小娃娃。經過一番權衡，結果九皇子福臨意想不到地選中，被捧上了皇帝的寶座。福臨稱帝，一方面把豪格勢力壓了下去，另一方面多爾袞可以利用叔父攝政王的地位獨攬朝廷大權，達到個人的目的。

至於為什麼在諸皇子中選擇福臨，一般認為是與皇太極莊妃有關。莊妃人長得很漂亮，與多爾袞一直有著說不清道不明的關係，而且代善也支持福臨即位。傳說後來莊妃下嫁給了多爾袞，所以多爾袞在這時挑選福臨也不是漫無目標的。

其時還發生過奇怪的一件事情。多羅郡王阿達禮曾對多爾袞說：「睿親王應該即大位，我們都會跟著你的。」固山貝子碩托也派人對多爾袞說：「內大臣圖樂格及御前侍衛等人都和我計謀過，睿親王應該自立。」這兩人後來又到代善家，對代善說：「眾人都已議定睿親王應該登位，你為什麼沉默不語？」事後，多爾袞和代善當眾將這件事進行了揭發，多爾袞還以擾亂國政罪將兩人殺死。多爾袞為什麼要將這兩個擁護自己的人當眾處死，大概主要想討好莊妃，同時籠絡人心，讓大家覺得自己對皇位是沒有非分之想的。

就這樣，福臨在根本沒有想到過的情況下登上了皇帝的寶座，當時還未滿六歲，這是清朝歷史上第一個小孩皇帝。第二年，改元順治。順治七年，多爾袞去世，福臨開始親政。

順治帝失蹤之謎

世祖出家被列為清初三大疑案之一，是說順治帝因愛妃董鄂妃之死，悲慟萬分，痛苦異常，最後竟看破紅塵，跑到五台山清涼寺當了和尚。這一說法流傳得十分廣泛，後代還據此派生出康熙皇帝五台山認父的故事。那麼，歷史上的清世祖真的出家當和尚了?要講清這個問題，還得從他的幾個皇后談起。

清世祖愛新覺羅．福臨，六歲登基，只活了二十四歲，他是清朝入關後的第一個皇帝。福臨共有三個皇后，十四個具有名位的嬪妃。當他十一歲時，攝政王多爾袞派親王阿濟格到蒙古為他選聘皇后。滿蒙聯姻是清初政壇上的一件大事，只有聯姻北方才會安定，皇太極有封號的后妃，幾乎全是蒙古博爾濟吉特氏的女子。多爾袞為順治選的新娘是孝莊太后哥哥吳克善的女兒，孝莊太后自然是十分贊成。順治八年，冊立為皇后，舉行大婚姻禮。然而順治並不滿意皇后，婚後兩人關係不和，長期分居，並未生下一子半女。順治十年，皇帝下令廢后。當時多爾袞已死，皇帝也已長大，孝莊見兩人難以和好，遂默許皇帝另擇皇后。西元一六五四年，蒙古科爾沁貝勒綽爾濟的兩個女兒被接進宮中，一個月後，姐姐被冊封為后，即孝惠章皇后，妹妹封淑惠妃。這個皇后十分淳樸，沒有什麼特長，所以順治對她橫豎不順眼，態度冷淡，皇后和淑惠妃都終身無子。這時，順治看上了另一個女子，她就是董鄂氏。

董鄂氏是滿洲正白旗人，內大臣鄂碩之女。十五歲那年應選秀女，因她聰明漂亮，知書達禮，被順治同父異母弟襄親王看中，成為他的妃子。當時的貴族命婦要輪流到宮中侍候皇帝的后妃，這樣董鄂妃就有機會接觸到順治，二人彼此萌生出感情。襄親王知道後，大罵了董鄂妃一頓。此事被順治聽說，竟然打了襄親王一記耳光。老婆跟別人私通，還要遭打，襄親王受不下這口氣，怨憤致死。順治乘機將董鄂妃收到宮中，冊立為賢妃。

孝莊太后在選擇皇后問題上與順治早有矛盾，她希望順治在蒙古部落中挑選后妃，但現在董鄂妃的出現，使得蒙古的后妃均受冷落，孝莊的忌恨是可想而知的。儘管孝莊發現了順治與董鄂妃之間的感情後下令停止命婦入宮，但為時已晚。西元一六五六年十二月，順治正式冊封董鄂妃為貴妃，並照冊立皇后的儀式頒詔天下。次年十月七日，董鄂妃生下皇四子，第二天順治宣稱皇子是「朕第一子」，弄得宮內宮外都猜測這位新生兒一定是將來的皇太子。孝莊太后忍無可忍，要設計構害董鄂妃。冬天來臨，孝莊太后忽稱身體不適，住到京郊南苑，諭旨后妃及百官視疾問安。諭令傳到董鄂妃所在的承乾宮，她不得不冒著寒冬從京城趕到二十里外的南苑，向太后問安，並朝夕侍奉，很快形銷骨立。更為想不到的是，三個多月後，皇四子夭折，董鄂妃一下子受不了打擊，此後在憂傷中苦度三年，病逝於承乾宮，年僅二十二歲。

董鄂妃死後，順治帝悲痛萬分，大辦喪事，追封她為孝獻皇后。半年後，順治帝也從清宮中無聲無息地消失了。那麼，順治帝到哪裡去了？

研究這段歷史的人對順治帝的失蹤有許多說法，歸納起來主要有三種：一為出家說，二為生天花而死說，三為出家不成生天花而死說。

出家說認為順治帝在董鄂妃死後精神受到極大刺激，看破紅塵，於西元一六六一年正月拋棄帝位，躲到山西五台山，削髮為僧去了。這種說法在一些野史、文學作品中特別流行。他們認為清初著名文人吳梅村的《清涼山贊佛詩》是為順治帝五台山進香所作。康熙帝曾四次巡幸五台山，前三次是為了看望順治，第四次去時順治帝已逝世，康熙吟詩哀悼，詩中悲痛之情十分動人。順治帝一向喜佛，宮中有木陳、玉林兩位禪師天天與他談佛。他曾對木陳說：「願老和尚不要將我看成天子，而把我當作走到你庵中的一個弟子。」他還表示：「人的一輩子最放不下的是財寶和妻、子。我對財寶無所謂，妻、子也是像風雲聚散，沒什麼大的關係。如果不是還掛唸著皇太后，就隨老和尚出家去了。」順治帝從宮中失蹤的前幾天，還叫最信任的太監吳良輔到憫忠寺削髮做和尚。如此，在愛子寵妃先後去世的情況下皈依空門，是相當有可能的。

另一種說法是順治帝生天花而病死在宮中。清朝入關時，天花流行，疫病泛濫，人們並沒有很好的辦法來對付這種傳染病。順治十八年正月初二日，京城沉浸在春節的歡慶氣氛中，這天順治帝前往憫忠寺觀看他的親信太監吳良輔削髮出家儀式。下午回宮後，順治帝覺得十分煩躁，伴有高燒，遂臥病在床，實際上已感染了天花病毒。宮女、太監們奉命撤去剛剛掛上的門神、對聯、綵燈、綵帶。正月初四日，朝廷正式向文武大臣宣布皇帝患了天花病，並「傳諭民間毋炒豆，毋燃燈，毋潑水」，外界官民始知順治帝得了天花。初六日，順治帝感到自己活不長了，「患痘勢將不起」，急命太監傳諭大學士麻勒吉、學士王熙速到養心殿記錄遺囑。王熙等垂淚從命，在床前草就遺詔第一段，見順治已累得疲憊不堪，奏請皇帝暫歇，待他們擬就之後，再請皇帝御覽。二人趕緊到乾清宮西朝房連夜起草遺詔，然後又趕到養心殿呈皇帝過目。順治帝勉強掙扎著將遺詔修改了三遍，直到次日才定稿。初七日，病情更重。傍晚，下詔釋刑獄。半夜裡，「聖駕賓天」，二十四歲的順治帝崩逝於養心殿。天花奪去了一位正值春秋鼎盛年的皇帝的性命。這種觀點認為由於順治帝年紀很輕，且得天花後發病極快，僅病五天就不治身亡，所以在民間出現了種種謠言和猜疑，甚至故意渲染他平時的好佛，把他說成到五台山「出家」了。

第三種看法實際上是對上述兩種觀點的折衷。即既承認順治帝好佛，也承認順治帝得了天花去世，但認為他沒有出家。西元一六五七年，年僅二十歲的順治結識了當時的一個高僧憨璞聰，原本就十分篤信佛教的他更加熱衷佛事。此後，他又先後結識了木陳、玉林、茚溪森等高僧，與他們過從甚密，對佛教達到了痴迷的程度，頻頻召他們進宮講經說法，而且親執弟子之禮，還讓玉林給他起了個法號「行痴」。董鄂妃死，他的感情受到了極大創傷，於是整天沉迷於佛法之中，除召見茚溪森等和尚外，在不到兩個月的時間裡三十八次造訪他們，時常作徹夜長談，昏昏欲睡。後來他決意隱遁佛門，擺脫塵世中的煩惱，終於在西元一六六〇年十月初，堅請茚溪森為自己舉行淨發儀式，準備到五台山當和尚。但這激起了整個朝廷的恐慌，孝莊皇太后為首的諸王貝勒們慌亂不堪，急忙設法阻止。

這時吳興報恩寺的主持玉林接到朝廷詔書，說皇帝出外騎馬受到驚嚇，讓他前來證道。他到了北京，聽說自己的弟子茚溪森為皇帝進行了剃度，勃然大怒，在宮外某寺架起柴堆，下令捆縛茚溪森，打算當場用火燒死。順治見狀無奈，只得向玉林表示自己願意重新留髮，不再出家了。

痛失愛妃，想出家又不成，順治整日鬱鬱寡歡，本來身體已十分虛弱的他再也支撐不住了。不久他又染上天花，在短短的幾天中離開了人間。

炎黃二帝之謎

根據《國語．晉語》，少典氏娶有嬌氏之女，生下黃帝和炎帝，而少典究竟為氏族名還是父名，則眾說不一。習慣上稱中華民族為炎、黃子孫，而炎、黃是列為五方天神的五帝中的二位。

炎帝和黃帝，過去被說成是像夏、商、週三代的天子或秦、漢以後的皇帝那樣的遠古時期的帝王。《史記．五帝本紀》說：「黃帝者，少典之子，姓公孫，名曰軒轅。」《國語》的說法有所不同，說黃帝在姬水邊長成，因而姓姬。《史記集解》說黃帝號有熊氏，可能是以熊為圖騰而得名。《龍魚河圖》說「天遣玄女」。下援黃帝兵信神符，制伏蚩尤，……以制八方」。在早期部落之間的戰爭中，黃帝對於中華民族的形成是有功績的。功績還不止於此，《史記正義》說：「黃帝之前，未有衣裳屋宇。及黃帝造屋宇，製衣服，營殯葬，萬民故免存亡之難」，「教民江湖陂澤山林原隰皆收採禁捕以時，用之有節，令得其利也。」為什麼稱他為「黃」帝？據《淮南子．天文訓》記載：「東方木也，其帝太皞，其佐句芒，執規而治春；南方火也，其帝炎帝，其佐朱明（即祝融），執衡而治夏；中央土地，其帝黃帝，其佐后土，執繩而制四方；西方金也，其帝少昊，其佐蓐收，執矩而治秋；北方水也，其帝顓頊，其佐玄冥，執權而治冬。」也就是說，黃帝為五天帝之中央天帝，是管理四方的中央首領，又因專管土地，而土是黃色，故名「黃帝」。

至於炎帝，也為少典之子，與黃帝兄弟相繼，但《帝王世紀》認為炎黃之間凡隔八帝五百餘年。漢高誘注《淮南子》，說赤帝就是炎帝，少典之子，號神農，南方火德之帝；或說炎帝是生活在姜水一帶的部落首領。《世本．帝系篇》把炎帝和神農氏連到了一起，認為炎帝即神農氏，炎帝身號，神農代號。班固說炎帝「教民耕農，故號曰神農氏」，對古老的農業生產發揮了貢獻。

傳說最初炎帝做了華夏族的帝王，黃帝只是炎帝屬下的諸侯。關於炎帝的事跡，古書中有一些不同的記載，一般多把炎帝與神農氏說成是一個人，如《帝王世紀》即說「炎帝神農氏」，因此，像教民食五穀、創製耒耜等農業發明的功績，也就自然歸於炎帝身上了。據說炎帝一族傳了八代，共五百三十年，「無制令而民從」，完全是一派太平盛世的景象。但是傳到了第八代炎帝榆罔時期，「諸侯相侵伐，暴虐百姓」，可是榆罔卻不能阻止，而且後來榆罔也開始不斷「侵凌諸侯」，於是，諸侯紛紛脫離榆罔，歸順於黃帝。黃帝修明政治，整頓兵力，鼓勵生產，安撫百姓。經過一番準備，率領諸侯在阪泉（相傳在今河北涿鹿東南，一說在山西運城）與炎帝榆罔交戰，經過三次大戰，終於打敗了榆罔，黃帝遂取而代之，做了帝王。也有人說黃帝與炎帝本是兄弟，所以雙方的部落聯盟很快融合為一，後世稱炎黃子孫，即來源於此。之後，黃帝又經過一系列南征北討，治服了不順從的諸侯，天下復歸於太平。黃帝採取無為而治的政策治理天下，得到了人民的擁戴，農業生產得以發展。傳說黃帝還創造發明了舟楫、杵臼、弓箭、房屋、門、棺槨、文字，為華夏文明的發展立下了卓越的功勛。

有關黃帝神話傳說的主要部分，莫過於黃帝與炎帝、黃帝與蚩尤之間的戰爭了。黃帝與炎帝的阪泉之戰中，黃帝「帥熊、羆、狼、豹、虎為圖騰的部落為前驅，以雕、鷹、鳶為旗幟」，戰爭的規模顯而易見。黃帝與蚩尤的涿鹿之戰則異常慘烈，「血流漂杵」。在這場戰爭中，雙方都施出了神功魔法。起初，蚩尤施展法術，即刻大霧瀰漫，人馬相對而人影莫辨。黃帝便令風后製造出指南車，識別了方向，將蚩尤打敗。隨後，蚩尤又請來了風伯、雨師，一時間，風雨大作，急風暴雨把黃帝的人馬攪得人仰馬翻。黃帝又請來了天女「魃」，止住了暴雨，指揮大軍以雷霆閃電之勢，衝亂了蚩尤部下的陣形，乘勝捉住了蚩尤並把他殺掉，將其頭顱埋在涿鹿。至今在河北省張家口市東南的涿鹿縣，還有一座蚩尤墳。

炎帝、黃帝作為功績卓著的賢明帝王，受到了當時人們的尊敬。炎帝、黃帝死後，黃帝的一些後代子孫如顓頊、帝嚳、唐堯、虞舜、夏禹、商湯、周文王、周武王等，又先後做了帝王，他們不忘炎帝、黃帝對於華夏文明的開創之功，把炎帝、黃帝奉為始祖，率領臣民依時節祭祀、供奉。這樣，炎帝和黃帝就成了華夏族的共同祖先了。後來，由華夏族發展而成的漢族、中華民族，也繼承了這一傳統，一直尊奉炎帝、黃帝為始祖，於是也就自稱為「炎黃子孫」了。

從現代歷史科學的觀點來說，炎帝、黃帝的時代，尚處於原始社會末期的父系氏族公社時期，階級和國家還沒有產生，也沒有如後世那樣的帝王。當時，中華大地上分布著許多氏族和部落，這些氏族和部落之間有著各種各樣的聯繫，有相互通婚的姻親關係，有祖族與支族及支族之間的血緣關係，有生產生活中的睦鄰友好關係，也有相互爭戰的敵對關係。由此而形成了幾個大的部落集團，其中中原部落聯盟（即華夏族）最為強盛，炎帝部落和黃帝部落都屬於這一部落聯盟，炎帝和黃帝還先後擔任了部落聯盟的首領。

根據古史記載的內容來看，有專家認為炎帝族和黃帝族原來都是少典氏族中分化出來的支族。這種祖族與支族的關係，由於後人不理解，故在古書中記載為父子關係。炎帝族從祖族中獨立出來後，很快便興盛起來，成為中原部落聯盟中頗有影響力的骨幹部族，他們的首領炎帝也就成了部落聯盟的首領。這種局面持續了很長時間，先後繼任的幾位炎帝族的首領也都擔任了中原部落聯盟的首領之職，並且承襲了「炎帝」這一稱號。因此，這時期可稱之為炎帝時代。幾百年以後，炎帝族漸漸衰弱了，黃帝族卻強大起來。這個時候的炎帝榆罔利用部落聯盟首領的職權，欺凌一些弱小的部落和氏族，這些部落和氏族便逐漸脫離了炎帝族，黃帝遂取代炎帝做了新的部落聯盟首領，從此開始了黃帝時代。

一些學者指出，炎帝和黃帝的時代，相當於距今七千年到五千年前的仰韶文化時期。這是中國中原遠古文化取得大發展的一個時期，原始農業文明繁榮，還有許多重大的發明。這些成就是當時人們共同創造的，可是在歷史的傳說中，往往把這些成就歸之於時代的代表人物，即當時的部落聯盟的首領炎帝和黃帝身上，因此他們就成了人們心目中的聖人，受到普遍尊敬。早在進入文明時代之前，在祖國遼闊的土地上，就形成了華夏族、苗族以及當時被華夏族稱之為蠻、夷、戎狄的許多兄弟民族。說華夏族為黃、炎之後，這實際上反映了華夏族是由黃帝、炎帝為代表的兩個有血緣親屬關係的氏族經過長期發展而形成的。所謂帝，只不過是中國原始社會部落聯盟時期軍事首長的稱謂。

有人認為這個傳說中的黃帝是個神，但也有人認為黃帝是真的存在過的一個歷史人物。黃帝究竟是人還是神？其實學術界至今仍無定論。

中國一些著名的神話研究專家認為，黃帝為一神話傳說中的人物。他起於雷電，最初之神職為雷神，後以雷神崛起而為中央天帝。相傳他長有四張臉，能同時顧及到東西南北四個方向。無論什麼地方發生了事情，總逃不過他的眼睛。最後，黃帝戰勝了其他四天帝，從而建立了自己的神國。

黃帝部落和炎帝部落合併後，統稱為華夏族，成為今天中華民族的前身。黃帝統一了黃河中下游地區之後，便教導人們伐木築屋，他發明了舟車、弓箭，還造字制樂、編曆法醫學；他的妻子螺祖則教民眾種桑養蠶，縫衣作冕，創造了中華的原始文明。直至今天，人們常用「炎黃子孫」來稱呼中國人，這也反映了人們對中華民族炎帝和黃帝的追溯與尊奉。

另黃帝陵有專家認為，黃帝是確確實實存在的歷史人物。據《史記．五帝本紀》載，黃帝生下來就很神奇靈異，襁褓中就能說話，顯示了其與眾不同的稟賦。而他所生活的那個時代，則是各部落間戰爭紛起的年代。黃帝以其聰明才智，將他周圍的部落團結起來，結成部落聯盟，並成為他們的軍事領袖。他修明政治，整頓武備，征伐四方，最終戰敗蚩尤，兼併炎帝部落，統一了黃河流域的大片土地。統一後，他制禮儀，施教化，創立法規典章，作為治世準則，並遣官員到各處治理天下。實際上，他是以戰爭手段結束了各部落聯盟間的長期混戰，建立了早期國家的雛形，從而開始了中華文明歷史的新統一，成為中華民族的文明始祖。

黃帝部落聚居的地方，歷史記載也各有不同。有記載說，他曾居住在河北涿鹿縣，史稱『涿鹿之野』；又有記載說，他的部落居住在今河南新鄭一帶，名曰「軒轅之丘」。這說明當時部落大約還沒有完全定居，經常遷徙。黃帝部落大體活動於今天陝西、河南、河北沿黃河一帶。

更有學者認為，「黃帝」的名稱實際上反映了原始農業文明時期，人們對黃土地崇拜的一種特殊感情。黃帝所處的時代，中國華北及全國大部分地區，已普遍進入農耕時期。黃帝征服各部落後，非常重視發展農業生產。他命羲和占日、常儀占月、臾區占星氣、大撓造干支、容成造曆法，並按天時，審地利，播種百穀草木，並教民節用水火材物，他還專門設立土地種植之官「后土」。這一切都使得當時的農業生產水準有了很大的提高，因此，古史記載他為「以土德而王」，因土地為黃色，故而稱為「黃帝」。這種因對土地的崇拜而衍生的黃色崇尚，在後代的歷史中得到進一步發揚。後世的帝王們都要依據黃帝的故事，「數用五，服尚黃」，從而逐漸將黃色演變成為一種權力和尊貴的象徵。

炎黃二帝對中華民族的形成與發展功不可沒。在他們的身上，同時凝聚了許多神話傳說的影子。關於黃帝之死，歷代流傳著這樣一個美麗的故事。據說，黃帝並沒有死，而是乘龍升天了。現在陝西黃陵的圍牆正面，還有一塊石碑，上書「橋山龍馭」四個大字。這也反映了人們對他的一種尊敬和愛戴，對他的部族和後代們的美好祝願。

著名學者馮天瑜指出，中華民族的遠祖，可大致分為華夏、東夷、苗蠻三大集團。東夷集團的活動區域，大致在今天的山東、河南東南和安徽中部一帶，即大汶口文化、龍山文化和青蓮崗文化江北類型分布區。傳說中的太皋、射日的后羿及與黃帝惡戰的蚩尤，都屬於這個集團。苗蠻集團主要活動在今湖北、湖南、江西一帶，即大溪文化、屈家嶺文化分布區，東部的河姆渡文化、良渚文化也可歸於此集團。著名的伏羲、女媧及三苗、祝融氏，都屬於這個集團。華夏集團發祥於黃土高原，後沿黃河東進，散布於中國的中、北部部分地區，大約相當於今仰韶文化和河南龍山文化分布區。華夏集團以黃帝和炎帝兩人為主。這三大集團之間，既有和睦共處的安定，也有大動干戈的戰爭。後來黃帝兼併炎帝部落，統一其他各部，黃帝、炎帝成為中華民族共同祭奠的先祖。華夏集團也因為其連續的勝利，鞏固了自己的主流地位，成為中華民族的古老代表。

電子書購買

國家圖書館出版品預行編目資料

史官，你告訴我哪件事是真的！那些皇帝是怎麼死的？皇位是傳來的還是搶來的？這些謎在你出生之前就沒人知道，很可能到你死了還是解不開！ / 孟飛著 . -- 第一版 . -- 臺北市 : 崧燁文化事業有限公司 , 2023.03
面； 公分
POD 版
ISBN 978-626-357-136-5(平裝)
1.CST: 中國史 2.CST: 通俗史話
610.9 112000520

史官，你告訴我哪件事是真的！那些皇帝是怎麼死的？皇位是傳來的還是搶來的？這些謎在你出生之前就沒人知道，很可能到你死了還是解不開！

臉書

作 者：孟飛
發 行 人：黃振庭
出 版 者：崧燁文化事業有限公司
發 行 者：崧燁文化事業有限公司
E-mail：sonbookservice@gmail.com
粉 絲 頁：https://www.facebook.com/sonbookss/
網 址：https://sonbook.net/
地 址：台北市中正區重慶南路一段六十一號八樓 815 室
Rm. 815, 8F., No.61, Sec. 1, Chongqing S. Rd., Zhongzheng Dist., Taipei City 100, Taiwan
電 話：(02) 2370-3310 傳 真：(02) 2388-1990
印 刷：京峯彩色印刷有限公司（京峰數位）
律師顧問：廣華律師事務所 張珮琦律師

定 價：375 元
發行日期：2023 年 03 月第一版
◎本書以 POD 印製